海上絲綢之路基本文獻叢書

南洋華僑殖民偉人傳

檳榔嶼志略

〔清〕胡炳熊 著／姚枏 著

文物出版社

圖書在版編目（CIP）數據

南洋華僑殖民偉人傳 /（清）胡炳熊著. 檳榔嶼志略 / 姚枬著. -- 北京 : 文物出版社, 2022.7
（海上絲綢之路基本文獻叢書）
ISBN 978-7-5010-7646-8

Ⅰ. ①南… ②檳… Ⅱ. ①胡… ②姚… Ⅲ. ①華僑－領袖－生平事迹－中國－古代②檳榔嶼－地方志 Ⅳ. ① K828.8 ② K338.9

中國版本圖書館 CIP 數據核字 (2022) 第 086655 號

海上絲綢之路基本文獻叢書

南洋華僑殖民偉人傳 · 檳榔嶼志略

著　　者：〔清〕胡炳熊　姚枬
策　　劃：盛世博閱（北京）文化有限責任公司

封面設計：鞏榮彪
責任編輯：劉永海
責任印製：張道奇

出版發行：文物出版社
社　　址：北京市東城區東直門内北小街 2 號樓
郵　　編：100007
網　　址：http://www.wenwu.com
經　　銷：新華書店
印　　刷：北京旺都印務有限公司
開　　本：787mm×1092mm　1/16
印　　張：12
版　　次：2022 年 7 月第 1 版
印　　次：2022 年 7 月第 1 次印刷
書　　號：ISBN 978-7-5010-7646-8
定　　價：90.00 圓

總緒

海上絲綢之路，一般意義上是指從秦漢至鴉片戰争前中國與世界進行政治、經濟、文化交流的海上通道，主要分爲經由黄海、東海的海路最終抵達日本列島及朝鮮半島的東海航綫和以徐聞、合浦、廣州、泉州爲起點通往東南亞及印度洋地區的南海航綫。

在中國古代文獻中，最早、最詳細記載『海上絲綢之路』航綫的是東漢班固的《漢書·地理志》，詳細記載了西漢黄門譯長率領應募者入海『齎黄金雜繒而往』之事，書中所出現的地理記載與東南亞地區相關，并與實際的地理狀况基本相符。

東漢後，中國進入魏晉南北朝長達三百多年的分裂割據時期，絲路上的交往也走向低谷。這一時期的絲路交往，以法顯的西行最爲著名。法顯作爲從陸路西行到印度，再由海路回國的第一人，根據親身經歷所寫的《佛國記》（又稱《法顯傳》）一書，詳細介紹了古代中亞和印度、巴基斯坦、斯里蘭卡等地的歷史及風土人情，是瞭解和研究海陸絲綢之路的珍貴歷史資料。

隨着隋唐的統一，中國經濟重心的南移，中國與西方交通以海路爲主，海上絲綢之路進入大發展時期。廣州成爲唐朝最大的海外貿易中心，朝廷設立市舶司，專門管理海外貿易。唐代著名的地理學家賈耽（七三〇～八〇五年）的《皇華四達記》記載了從廣州通往阿拉伯地區的海上交通『廣州通夷道』，詳述了從廣州港出發，經越南、馬來半島、蘇門答臘半島至印度、錫蘭，直至波斯灣沿岸各國的航綫及沿途地區的方位、名稱、島礁、山川、民俗等。譯經大師義净西行求法，將沿途見聞寫成著作《大唐西域求法高僧傳》，詳細記載了海上絲綢之路的發展變化，是我們瞭解絲綢之路不可多得的第一手資料。

宋代的造船技術和航海技術顯著提高，指南針廣泛應用於航海，中國商船的遠航能力大大提升。北宋徐兢的《宣和奉使高麗圖經》詳細記述了船舶製造、海洋地理和往來航綫，是研究宋代海外交通史、中朝友好關係史、中朝經濟文化交流史的重要文獻。南宋趙汝適《諸蕃志》記載，南海有五十三個國家和地區與南宋通商貿易，形成了通往日本、高麗、東南亞、印度、波斯、阿拉伯等地的『海上絲綢之路』。宋代爲了加强商貿往來，於北宋神宗元豐三年（一〇八〇年）頒佈了中國歷史上第一部海洋貿易管理條例《廣州市舶條法》，并稱爲宋代貿易管理的制度範本。

元朝在經濟上採用重商主義政策，鼓勵海外貿易，中國與歐洲的聯繫與交往非常頻繁，其中馬可•波羅、伊本•白圖泰等歐洲旅行家來到中國，留下了大量的旅行記，記録元代海上絲綢之路的盛况。元代的汪大淵兩次出海，撰寫出《島夷志略》一書，記録了二百多個國名和地名，其中不少首次見於中國著録，涉及的地理範圍東至菲律賓群島，西至非洲。這些都反映了元朝時中西經濟文化交流的豐富内容。

明、清政府先後多次實施海禁政策，海上絲綢之路的貿易逐漸衰落。但是從明永樂三年至明宣德八年的二十八年裏，鄭和率船隊七下西洋，先後到達的國家多達三十多個，在進行經貿交流的同時，也極大地促進了中外文化的交流，這些都詳見於《西洋蕃國志》《星槎勝覽》《瀛涯勝覽》等典籍中。

關於海上絲綢之路的文獻記述，除上述官員、學者、求法或傳教高僧以及旅行者的著作外，自《漢書》之後，歷代正史大都列有《地理志》《四夷傳》《西域傳》《外國傳》《蠻夷傳》《屬國傳》等篇章，加上唐宋以來衆多的典制類文獻、地方史志文獻，集中反映了歷代王朝對於周邊部族、政權以及西方世界的認識，都是關於海上絲綢之路的原始史料性文獻。

海上絲綢之路概念的形成，經歷了一個演變的過程。十九世紀七十年代德國地理學家費迪南・馮・李希霍芬（Ferdinad Von Richthofen，一八三三～一九〇五），在其《中國：親身旅行和研究成果》第三卷中首次把輸出中國絲綢的東西陸路稱爲『絲綢之路』。有『歐洲漢學泰斗』之稱的法國漢學家沙畹（Édouard Chavannes，一八六五～一九一八），在其一九〇三年著作的《西突厥史料》中提出『絲路有海陸兩道』，蘊涵了海上絲綢之路最初提法。迄今發現最早正式提出『海上絲綢之路』一詞的是日本考古學家三杉隆敏，他在一九六七年出版《中國瓷器之旅：探索海上的絲綢之路》中首次使用『海上絲綢之路』一詞；一九七九年三杉隆敏又出版了《海上絲綢之路》一書，其立意和出發點局限在東西方之間的陶瓷貿易與交流史。

二十世紀八十年代以來，在海外交通史研究中，『海上絲綢之路』一詞逐漸成爲中外學術界廣泛接受的概念。根據姚楠等人研究，饒宗頤先生是華人中最早提出『海上絲綢之路』的人，他的《海道之絲路與昆侖舶》正式提出『海上絲路』的稱謂。選堂先生評價海上絲綢之路是外交、貿易和文化交流作用的通道。此後，大陸學者馮蔚然在一九七八年編寫的《航運史話》中，使用『海上絲綢之路』一詞，這是迄今學界查到的中國大陸最早使用『海上絲綢之路』的人，更多地限於航海活動領域的考察。一九八〇年北京大學陳炎教授提出『海上絲綢之路』研究，并於一九八一年發表《略論海上絲綢之路》一文。他對海上絲綢之路的理解超越以往，且帶有濃厚的愛國主義思想。陳炎教授之後，從事研究海上絲綢之路的學者越來越多，尤其沿海港口城市向聯合國申請海上絲綢之路非物質文化遺産活動，將海上絲綢之路研究推向新高潮。另外，國家把建設『絲綢之路經濟帶』和『二十一世紀海上絲綢之路』作爲對外發展方針，將這一學術課題提升爲國家願景的高度，使海上絲綢之路形成超越學術進入政經層面的熱潮。

與海上絲綢之路學的萬千氣象相對應，海上絲綢之路文獻的整理工作仍顯滯後，遠遠跟不上突飛猛進的研究進展。二〇一八年厦門大學、中山大學等單位聯合發起『海上絲綢之路文獻集成』專案，尚在醖釀當中。我們不揣淺陋，深入調查，廣泛搜集，將有關海上絲綢之路的原始史料文獻和研究文獻，分爲風俗物産、雜史筆記、海防海事、典章檔案等六個類别，彙編成《海上絲綢之路歷史文化叢書》，於二〇二〇年影印出版。此輯面市以來，深受各大圖書館及相關研究者好評。爲讓更多的讀者親近古籍文獻，我們遴選出前編中的菁華，彙編成《海上絲綢之路基本文獻叢書》，以單行本影印出版，以饗讀者，以期爲讀者展現出一幅幅中外經濟文化交流的精美畫卷，爲海上絲綢之路的研究提供歷史借鑒，爲『二十一世紀海上絲綢之路』倡議構想的實踐做好歷史的詮釋和注脚，從而達到『以史爲鑒』『古爲今用』的目的。

凡例

一、本編注重史料的珍稀性，從《海上絲綢之路歷史文化叢書》中遴選出菁華，擬出版百册單行本。

二、本編所選之文獻，其編纂的年代下限至一九四九年。

三、本編排序無嚴格定式，所選之文獻篇幅以二百餘頁爲宜，以便讀者閱讀使用。

四、本編所選文獻，每種前皆注明版本、著者。

五、本編文獻皆爲影印，原始文本掃描之後經過修復處理，仍存原式，少數文獻由於原始底本欠佳，略有模糊之處，不影響閱讀使用。

六、本編原始底本非一時一地之出版物，原書裝幀、開本多有不同，本書彙編之後，統一爲十六開右翻本。

目録

南洋華僑殖民偉人傳

南洋華僑殖民偉人傳

〔清〕胡炳熊 著

民國十七年國立暨南大學南洋文化事業部鉛印本

南洋小叢書第一種

南洋華僑殖民偉人傳

1928

國立暨南大學南洋文化事業部刊行

南洋叢書第一種

南洋華僑殖民偉人傳

國立暨南大學南洋文化事業部刊行

中華民國十七年八月付印
中華民國十七年八月初版

南洋華僑殖民偉人傳

編輯者　上海真茹西鄉　國立暨南大學南洋文化事業部
發行者　上海真茹西鄉　國立暨南大學南洋文化事業部
印刷者　友文印刷所　上海閘北永興路鴻吉坊一號
總發行者　上海真茹西鄉　國立暨南大學南洋文化事業部

每册實價大洋壹角五分

陳序

治史傳之學，殆莫難于南洋諸島矣。以其資料，最不易蒐討，卽偶有所獲，亦多爲糢糊影響之傳說，試舉以與他書參校，隨在可發見其矛盾抵牾之點。此誠無可如何，吾儕卽欲絞其腦汁，勉求翔實，期得真相，而苦于有志未逮，殆學力所限歟？抑終無法以彌此缺憾耶？

華僑之遠適南洋，元明以前，其詳已不可得聞。元明以後，則片鱗寸爪，時時散見于載籍，卽東西人士，亦間有紀述。而溯其淵源，要不出于「民間傳說」，然捨是而他求，將更無所得，慰情聊勝于無，則終較愈于洪荒時期之「石史」，而尚有人物姓氏之可稽耳。

所云殖民偉人者，窺其行迹，大率近于綠林之豪，此亦何必爲諱。歷史上之英雄，事業之大小成敗有殊，而十之八九，要不出于此一流人物，寇盜之與帝皇，本何所區別？常人狃于俗見，而心有所軒輊，具史識者，正當掃除翳障，以估定其價值也。

南宋以還，華夏淪于異族，胡人牧馬，蹂躪及于珠江流域，亡國遺黎，備受淩虐屠戮之慘，蹙蹙靡騁。閩粵瀕海，瞻望前路，乃生倖心，則相率而大去其鄉，乘桴浮于南國，吾僑之孳乳生聚于炎徼，此其主因也。

萑苻健兒，剽掠爲業，嘯聚既衆，自必挺生魁傑，負雄圖遠略，海外虬髯，扶餘奮跡，因僑民之夥，加以部勒，遂成其蠻夷大長之資，南陬列島，吾先民之遺烈，固到今猶受其賜，而未盡泯也。苟吾國家能自振拔，則南海之濱，莫非國土，將一一早隸于職方，何至惕息寄籬，動遭僇辱，嗚呼傷已！

此書原本爲高要胡氏所輯錄，雜採羣籍以成篇，鈎稽考證，蓋猶未遑，故頗多沿譌，李長傳先生既加校讀，舉以見畀，兹稍爲校讎其文字，商兑其得失，增補張傑諸一傳。雖其間事實，尚多有待于論定，而南溟史料，捨此亦未易取材，欲求美備，容俟異日，爰付南洋文化教育事業部，鉛槧印行，供邦人士之考覽焉。

宗山於十七，五，十六，校訂訖并識

原序

胡炳熊

近數百年來，泰西各國，競言闢地殖民。阿利安種之國旗，輝映全地，以中國方之，誠不如也。泰西之殖民，皆以國力盾其後，而中國無此，所恃者，我民族之天然膨漲力而已。宣統元年，我政府擬設殖民專部，事未果行。夫吾今日國力孱弱，如是其甚，縱有專部，果能擴張事業於他國與否，不敢斷也。然而我民族固有一非常之特色，爲泰西所不如者。泰西豪傑若摩西之君猶太，哥崙布之闢美洲，克雷飛之併印度，其人大都曠世不一遇，而中國乃時時有焉。吾徵諸往籍，其在北徼，則有昌意少子之王鮮卑，（見魏書及北史，即今西比利亞地也。）殷時夏后氏裔淳維之王匈奴，（見史記及漢書，即今沙漠地也。）其在東方，則有周初箕子之王朝鮮，（見書大傳）漢初燕人衛滿之王朝鮮，（見史記及漢書，所都王險城，卽檀君舊都，今朝鮮北境平壤地也。）其在西域，則有北魏時金城人麴嘉之王高昌，嘉次子之王焉耆，梁懃之王宕昌，（見魏書及南北史高昌今吐魯番，焉耆今哈拉沙爾，宕昌今青海及西藏北境也。）五代晉時，唐宗屬李聖天之王于闐。（見高居誨使于闐記，及五代史，于闐今和闐也。）是皆華人，而君他國闢地于中國本部以外，史册具在，鑿然不誣。至於國初泉州大英雄鄭成功於順治十七年奪台灣於荷蘭人手，尤爲震古爍今，赫赫在人耳目。而嘉慶間，漳州吳沙以匹夫崛起，闢台北噶瑪蘭廳，練勇開路，以捍生番，貿遷有無，以招流寓，耕丁至六萬口，拓地至五百里，連敗海寇蔡牽朱漬，（按朱漬，係潰之誤，或作一賁。）爲國捍患，旋以其地升科屬版籍，（事詳魏氏聖武記。）亦絕世人豪也。夫華族起至黃河流域，故宋以前，華人所王之鮮卑，匈奴，朝鮮，高昌，焉耆，宕昌，于闐等國，皆近北方。時代較遠，不復立傳。其在南方者，如黃帝時蚩尤，以姜姓而君九黎；唐堯時饕餮，以姜姓而君三苗；（近日史家，不知蚩尤本華人，而誤以爲苗種，且不知徙三危之三苗，其君實姜姓，皆華人而君異族者也。余別有攷證，此不贅）夏后少康庶子無餘之君于越；商末泰伯虞仲之君勾吳；周初熊繹之君荆蠻；戰國時莊蹻之君滇池；莊豪之君夜郎，皆在今中國本部。漢初趙佗王南越，兼有交趾；後漢末區連王林邑，宋初丁部領王安南，則不過據前人已闢之地以自擅，不足語於殖民，且時代亦遠矣。獨鄭吳二氏，時近而事尤奇偉，顧台灣嘗隸中國版籍，仍與外國稍殊，特自前明至本朝，殖民外國諸偉人行事，合爲一傳。計蘇門答剌島二人，菲利賓島一人，爪哇島一人，婆羅島五人，緬甸三人，越南一人，暹羅一人，馬來半島一人，共十六人，大俠二人，用以發揚邦國之光，喚起我同胞開闢新地之觀念。詩曰：『雖無老成人，尚有典型。』表彰幽潛，震動耳目，我華人應永永不忘也。世之君子，以觀覽焉。

目次

南洋華僑殖民偉人傳

本論

(一)殖民蘇門答剌島者

開闢舊港首領梁道明，廣東南海縣人

蘇門答剌島與馬來半島隔一海峽。元時，海外入貢諸國，有蘇木都剌，亦作須門達那。明初入貢，謂之蘇門答剌，音轉爲蘇門答臘，爲蘇文答剌，爲須文達那。永樂間，鄭和至其地，前王弟來襲，和勒兵擒之俘以歸。萬曆以後，改國名亞齊，今又譯作亞珍，實皆一國。在本島西北境，土地較大，故世以蘇門答剌國名爲全島總名。島之東南，爲舊港，今亦名巨港，即六朝宋武帝梁武帝時屢通中國之干陀利國。唐以後改名三佛齊。天佑元年，復貢方物，至宋世，仍修貢不絕。明洪武三年，遣使詔諭其國，嗣是屢入貢。時爪哇方强，威服三佛齊而役屬之。九年，三佛齊王卒，子嗣位。明年，請命于朝，蓋欲倚大國爲援也。太祖命使臣賫印敕，封爲三佛齊國王。爪哇邀殺朝使，旋破三佛齊，據其國。三佛齊故都名渤淋邦，即今之巴鄰傍，自爲爪哇所破，改名舊港，以別於爪哇島之新村，當時俗稱吉邦者是也。三佛齊旣亡，國中大亂，爪哇亦不能盡有其地，華人流寓者，往往起而據之。

梁道明久于其國，閩粵軍民泛海從之者數千家，推道明爲首，雄視一方，爪哇終無如之何。華僑得安居無恐，道明之力也。會指揮孫鉉使海外，遇道明子，與之俱來。永樂三年，成祖以行人譚勝受與道明同邑，命偕千戶楊信等賫敕招之。道明與其黨鄭伯可入朝貢方物，受賜而還。四年，遣從子解政來朝。蓋南洋華僑能以匹夫崛起而得衆心，握外國君主之權，使祖國增一殖民地者，自道明始。據明史所載，道明雖未嘗稱王，實與王無異，今謂之首領，乃紀其實云。

同時廣東人陳祖義，亦分據舊港之地爲頭目。永樂四年，遣子士良來朝。祖義才德皆不如道明，雖朝貢而爲盜海上，貢使往來者苦之。五年，鄭和自好望角還，（鄭和僅至非洲東岸之竹步并未至好望角。此有誤）遣人招諭，祖義僞應而潛邀襲，有施進卿者告於和，祖義來襲，被擒獻于朝伏誅。

時進卿適遣壻邱彥誠朝貢，命設舊港宣慰司，以進卿爲使，錫誥印及冠帶。自是屢入貢。二十二年，進卿子告父訃，乞嗣職，許之。洪熙元年，遣使入貢，訴舊印爲火燬，帝命重給。其後朝貢漸稀。進卿亦一豪傑，然地小力弱，服屬爪哇，僅能自保，遠遜道明。故今僅附道明傳後。（據明史瀛涯勝覽東西洋考）

舊港番舶長張璉，廣東（潮州）饒平縣人。

張本大盜，明嘉靖末作亂，擾廣東江西福建三省。西籍言嘉靖間，有海寇張士流奪據葡人之澳門，殆卽璉也。（詳下文）中國人之勝西人自是始。璉後爲官軍剿平，已報克獲。萬曆五年，商人詣舊港者，見璉列肆爲番船長，漳泉人多附之，猶中國市舶官。蓋璉雖不稱王，實握王權矣。

三佛齊故俗，下稱其上曰詹卑，猶國君也。自明初爲爪哇所破，大酋移居他境，號詹卑國。其故都舊港，分轄於梁道明、施進卿。張璉距梁施二氏二百餘年，中間事跡無考，不知舊港主權，果奪自土酋，抑奪自二氏之裔耶？（據明史通鑑及西史）

（二）殖民菲律濱者

開闢呂宋西境首領李馬奔，李，福建泉州人也。中國人民能以一私人之力與歐州强國爲勁敵者，後有順治時鄭成功之於荷蘭，前有嘉靖時張璉之於葡萄牙，介其間者則萬曆時李馬奔之於西班牙及葡萄牙也。馬奔固海盜巨魁，從海上掠得帆船之來自馬尼剌者，詢悉其形勢，因以捕虜爲嚮導，率師船六十二艘，水陸兵各二千，婦女千有五百，進征菲律濱。

菲律濱本羣島，在台灣島西南，其最大之主島名呂宋。洪武五年，正月，遣使、偕瑣里諸國來貢，永樂三年十月，遣官齎詔撫諭其國。八年復入貢，自後久不至。會西班牙人墨瓦蠟（按卽麥折倫），率艦隊航行全球至其地。西班牙王查理第一，因以太子菲利布之名名此羣島，故謂之菲律濱。嘉靖四十四年，卽西歷壹千五百五十六年，西班牙王菲利布第二遣將勒迦斯比率兵占領菲律濱，以呂宋島之馬尼剌爲羣島都會。華人以其地近且饒富，多往貿易，故馬尼剌以繁盛著名。萬曆二年冬，李馬奔師船抵馬尼剌灣，是爲西歷壹千五百七十四年十一月二十九日事。

馬奔使部將日本人莊公，將兵六百先入，時暴風起，舟多覆者，溺斃幾二百人。莊公以餘兵薄馬尼剌城外，進殪西班牙副將西軍走保桑的亞哥。會援軍壹隊至，莊公以爲大軍也，稍引退。西軍乘勢追擊，血戰亘數時，莊公收敗卒退合李馬奔本營。時西帥勒迦斯比已死；其孫溫薩爾塞特方經略呂宋北部，及中國兵迫馬尼刺，急歸防禦。西十二月三日，兩軍戰備已就，馬奔集部將下令進擊。莊公引兵千五百登岸，縱火市街，圍其堡壘，而師船自港外發炮助攻。莊公遂以所部入城，與西軍殊死戰，莊公陣歿。馬奔復發兵五百繼之，終無功而退。乃收餘衆航呂宋島西岸數日，至亞格諾河口，降服土人，得河上四里地，築城居焉。溫薩爾塞特聞之，復大舉來薄，馬奔知不敵，乃留兵城中，牽制敵軍，而乘間出海遁。其留者走匿深山間，至今菲律濱有伊哥衆德支那人種者，蓋其遺裔云。

方馬奔據亞格諾河口，福建總督聞其勢盛，發艦隊偵之。西班牙人聞中國艦隊至，邀其使者至馬尼刺，議通商事，旋遣僧侶馬丁拉達，附閩艦內渡，求結商約。時萬曆三年，即西歷壹千五百七十五年，是爲西班牙遣使中國之始。

馬奔自菲律濱還，未有根據，當是時廣東之濠境已久爲葡萄牙人留居地，易名澳門。馬奔率衆敗葡軍，奪據澳門，久之葡遣重兵進攻，馬奔兵敗，不知所終，或云，爲葡兵所殺，莫知然否。

蓋自鄭延平取台灣于荷蘭以前，已有絕世人豪張璉，攻據葡萄牙之澳門，再有李馬奔征西班牙之菲律濱，攘其邊地，以居餘衆，復奪還澳門而據之，縱未能終爲己有，事亦偉矣！馬奔雖海盜，然其氣魄雄傑足以震耀千古，而中國舊史失載，今剌取西籍，爲之立傳，庶使大英雄之行事與其精神復光於世云。（據明史及西史）

〔原注〕 葡人門他圖芝些士曾著曆史上之澳門一書，其中有可證李馬奔事者，今復節錄之。據云：朱安康攝臣，西班牙之著述家也。著書頗多，素有才名。其所述葡人到澳門之原始，亦謂當時有流寇李馬康者，張士流之餘黨也。由菲律濱羣島率衆攻入澳門，久據不去。迨葡兵進勦，獲李馬康而殺之，所有脅從，盡行驅逐出境云云。按譯無定字，其所稱李馬康，即李馬奔。且言由菲律賓羣島來攻，則爲馬奔事無疑矣。又據此書附錄度柯地所著之支那紀事

云：明嘉靖間有海寇名張士流者，出沒于廣州海面，據守澳門，圖取省城。大吏求助於歐人，葡商允爲出力，招集商船，圍攻賊艦。賊勢不支，轉舵駛奔。葡船緊追將及，賊黨棄船登岸，葡人亦登陸追擊，至澳門地面，獲張士流而殲之。大吏具奏報捷，表揚葡商之功云云。此事西人形諸記載，非么麽小寇可知。流璉爲雙聲，士流合音實近璉，殆卽張璉也。明史載張璉作亂，在嘉靖末，與此書所載時代正合。又據明史，嘉靖間，廣東巡撫林富奏請以香山澳濠境爲外國互市地。嘉靖十四年，指揮黃慶納賄於上官，移高州電白縣各國互市市舶司於濠境，各國畏避蒲都麗家（卽葡萄牙之對音）遂專爲所據，築室建城，雄踞海畔，高棟飛甍，櫛比相望。然則張士流（卽張璉）之據有澳門，乃取自葡人之手，實我廣東一重要歷史，必疏通證明而後知其價值也。張璉擾粵，在嘉靖末，李馬奔攻菲律濱，在萬曆初，二人本同一黨，及張璉由澳門圖取省城，事敗出海，往據三佛齊之舊港，因爲之主。李馬奔則攻菲律濱之馬尼剌而無成，還據澳門耳。葡萄牙在明世最强，明史亦稱濠境儼如一國，勢力可想。而張李如取如攜，先後兩奪之，豈不異哉。當張璉敗時，官軍已報克獲，而不知萬歷時張璉尚爲舊港番舶長，以明史所載爲證，則葡人著歷史上之澳門所稱獲張士流而殲之，殆係當日官吏粉飾之詞。所稱獲李馬康而殲之，當同此例。是李馬奔未嘗被戮於葡人也。張李皆絕世偉人，而出身海盜，或原政治黑暗使然。今爲參稽中外典籍，證明其偉迹，以補前史之闕，亦欲我同胞永爲大紀念焉。

按李馬奔之名，他書未見，惟明史載林道乾爲當時海盜，于萬曆二年率戰艦六十二，男丁三千，自彭湖入馬尼拉事，與此相類。按萬曆二年即西歷一五七四年，而西人記林道乾事，亦有日本人 Sioco 爲林將部云云，與此相合。林道乾之名，西人作 Limahong 與李馬奔之音相近。然則林李殆一人歟？而觀「開闢勃泥邊地首領林道乾」事文中另有李馬奔之名，似林馬爲兩人矣。此中必有一誤也。又檢日人田中萃一郎之東邦近世史第一章記李馬奔事，李之英譯作 Limahong，按 Li 讀作「李」，如與 m 相連，則 Lim 即可讀作「林」，大約日人根據西班牙文，而誤林爲李也。又本書同章「李馬奔部將莊公 Sioco」云云，而西籍亦有「林道乾部將 Sioco」其譯音全同，更可證林李爲一人也。（宗山）

（三）殖民爪哇島者

新村主某，逸其姓名，亦廣東人也。爪哇島與蘇門答剌島，隔巽他海峽，島之北境迤西，有地名巴達維亞，亦稱葛剌巴，向爲爪哇大都會。元史世祖遣史弼征爪哇，有葛郎鄰國來拒，即此。爪哇國在元明時，雄于諸番，久握南洋霸權。其北濱海有地名杜板，即古闍婆國，亦曰杜薄，曰杜婆，又名訶陵。劉宋元嘉時，始通中國。唐宋皆嘗入貢。明太祖時，爪哇闍婆並時入貢，蓋本二國也。闍婆亦名莆家龍，又曰下港，曰順塔，流寓多廣東及漳泉人。

自杜板東行半日至斯村，中國人客于此成聚落，遂名新村。當明世號最饒富。各國商舶輻輳，寶貨塡溢，而主之者則廣東人。永樂九年，自遣使表貢方物，蓋與舊港首領梁道明施進卿同時也。是時鄭和數使爪哇，嗣後華人來往愈衆，萬曆間荷蘭占領爪哇，以葛刺巴爲都會，三寶壟等地亞焉，兼任華人爲官屬，名甲必丹。

本朝乾隆時，有陳豹卿，名歷，漳州石美人。往三寶壟訪其堂兄甲必丹陳映，映使佐領其事。映卒，遂襲職。王大海遊三寶壟，嘗見土番貴官淡扳公往候豹卿，隊馬數百，整肅而來，至柵門外，則下騎入門，則膝行而前。豹卿危坐俟其至，乃少欠身。荷蘭待爪哇人嚴厲至此。亡國遺黎，亦可哀矣。豹卿富甲一方，置大地一區于葛刺巴，名三寶壟土庫。華船初到，客有欲往三寶壟者，則進其土庫，并有船護送至壟，悉皆收錄，用才委任，各得其宜，華夷均領。彼本經商，買帆數十，發販州府，其豪俠仗義，可爲華僑典型。

又明代荷蘭之取台灣，本以爪哇爲根據。及國初台灣奪於鄭氏，其守將敗歸巴城，荷蘭王怒，將其致死巴城樓上。王氏海島逸志所述如此。鄭延平之威靈赫然猶在，可與新村主同萬古矣。（據明史續文獻通考海島逸志）

（四）殖民婆羅島者

開闢勃泥邊地首領林道乾林，福建人也。明嘉靖時爲海盜，先是，明初倭寇横于日本朝鮮間，後遂擾及中國沿海。中國海盜多與之通。張璉李馬奔及道乾皆然。嘉靖末倭寇擾閩，大將戚繼光敗之，倭遁居于鷄籠，即今台灣之基隆也。道乾勢孤從焉，已懼爲倭所併，又懼官軍追擊，揚帆抵勃泥，攘其邊地以居，號道乾港

勃泥即六朝時之婆利。梁天監間，始通中國，唐稱婆羅，宋稱勃泥，皆通貢勃泥實婆羅尼轉音耳。明初入貢諸國，有婆羅，有勃泥，故明史分兩傳。蓋其部落分合不常，或各自入貢故耶。其國在島之北境，通中國較早，世因以其國名爲全島總名，與蘇門答剌同例。今人稱此島或曰婆羅洲，或曰勃泥，或曰婆羅尼，又轉爲般鳥，原其先特一國之名而已。

道乾僅據有邊地，非略定全國，然成以一私人之力，亦足豪也。明史呂宋傳

言，萬曆四年官軍追林道乾至其國，國人助討有功。（按菲律濱羣島中最大之主島本名呂宋，洪武永樂間入貢，即稱此名，據明史可證，是時歐人尚未至此島，無菲律濱之名也。嘉靖時，西班牙占據此羣島，始易名菲律濱，詳上文李馬奔傳，今人或疑明史有誤，述呂宋事悉改作菲律濱，以爲更正明史者，蓋失攷也。附識於此）。是時正當西班牙人與李馬奔劇戰之後，然則助討林道乾者，亦當屬西班牙人，而非呂宋土番，此中外人種爭殖民地之一要事，惜史文簡略，未加分別。蓋道乾由台灣雞籠南下，近道先抵呂宋，進取無成，乃折而西往勃泥，其航路尚可推見焉。

道乾之作亂，與張璉李馬奔同時。及事敗，張璉占蘇門答剌島之舊港，李馬奔攻菲律濱主島之馬尼剌，道乾則由菲律濱進據勃泥，三人各欲取一大島爲根據，必有殖民思想，視其他海盜窮蹙遠奔，羈棲島嶼，以了殘生者，意識判若霄壤。英雄心事，比類以觀而後見，故合論之，發潛闡幽，史家之責，嗚呼，其可誣也哉！

（據明史）

婆羅國王某。，某福建人，佚其姓名，明萬曆間主此國，今婆羅島北境也。在島中諸國爲最大，自古著名，或言鄭和使婆羅，有閩人從之，因留居其地，後人遂據其國而王焉。邸旁有中國碑，今不可考。王有金印一，篆文，上作獸形，言永樂朝所賜，民間嫁娶，必請此印，印背上以爲榮，後西班牙舉兵來擊，王率國人走入山谷中，放藥水流出，毒殺其人無算，王得返國，西班牙遂犯呂宋。（明史記西班牙葡萄牙各國事多誤作佛郎機，今不復從之）自中葉以後，歐人占據南洋羣島，所至如拉朽摧枯，王獨能以毒流退師，保全故地，可謂人豪，野蠻時代之戰爭，何所不有，出狠辣之手段，制噬人之虎狼，事非得已，不能以今日人道主義責之矣

王之君婆羅也，正當林道乾入勃泥之時，勃泥即婆羅，本一國而明世分爲二部，洪武永樂時，勃泥王皆嘗入朝，萬曆中，勃泥王卒，無嗣，族人爭立，國大亂，林

道乾之攘其邊地，或乘是釁也，後乃立前王之女爲王。

漳州人張姓者，初爲其國那督，華言尊官也。因亂出奔，女主立，迎還之。其女出入王宮，得心疾，妄言父有反謀，女主懼，遣人按其家，那督自殺，國人爲訟寃，女主悔，絞殺其女，授其子官。張姓以中國人顯于勃泥，雖死後而兩國商人猶往來不絕。以不知其名，故附于婆羅王傳後。古今豪傑姓名湮沒不彰者，何可勝道，殊足慨已！（據明史）

戴燕國王吳元盛，吳，廣東人，國朝乾隆末，流寓婆羅島中。戴燕國，其國近崑甸。由崑甸南河帆船，向東南溯洄而上，約七八日至雙文社，即戴燕所轄地。又行數日至國都。

時國王暴亂，吳元盛因民怨而殺之，國人奉以爲主，華夷皆取决焉。元盛死，子幼，妻襲其位。謝清高遊南洋時，女王猶存。

元盛爲民復仇，手誅暴主，受國民推戴，而正君位，視彼藉强力而奪人國者順逆殊軌。以中國士民爲海外湯武，而又起至匹夫，謂非曠世人傑也哉！（據清高海錄。又按近人或以吳元盛爲嘉應州人，蓋據口碑附識之。）

崑甸國客長羅芳伯，羅，廣東人，乾隆中經商崑甸。其國在婆羅島東部，隸荷蘭。海口爲荷蘭所設商市，以荷蘭兵駐守。由此買小舟入內港，行五里許，分爲南北二河，國王都其中。由北河東北行，約一日至萬喇港口。萬喇水自東南來會。又行一日至東萬喇。其東北數十里，爲沙喇蠻，皆華人淘金之所。

羅芳伯貿易於此，豪俠善技擊，得衆心。時土蠻竊發，商賈不安，芳伯屢率衆平之。又鱷魚爲害，芳伯爲壇于海旁，陳列犧牲，取韓昌黎文宣讀而焚之，鱷魚遁去。華人敬畏，尊爲客長，死而祭之，至今血食不衰。謝清高所記如此。清高去芳伯時未遠，又親歷南洋，見聞較真，至可信據。嗚呼，羅芳伯禦大災，捍大患，可謂有大功德於民者矣。歲時享祀，以留紀念，於崇報之典固宜。惟韓文驅鱷，事涉迂怪，或借此以震懾土番，亦未可知。然芳伯能利用神權，智略亦絕人矣。

近人著述，或言嘉應州人羅大，乾嘉間，與崑甸土蠻戰，破之，遂王其國。乃據口碑，疑因羅芳伯事而傳訛，抑別有羅大其人耶？以謝氏所記爲證，則芳伯固未稱王也。要之屢平土寇，使崑甸華僑，得安厥居，以補我政府所不逮，實於我中國殖民事業，有莫大之關係，豈以王不王爲輕重哉。（據謝清高海錄）

崑甸國王陳蘭芳，陳，廣東人，乾嘉間經商崐甸，才武有大略。是時崐甸雖屬荷蘭，但以兵駐守海口商市，而山內地尚轄於土酋。會國中大亂，蘭芳倡義率衆平之，土番及華僑共推爲王，軍服儀飾，略倣中國。有華人遊其地，遇王於途，訝其不類土番，詢諸人，乃知爲陳蘭芳云。余曩覽某日報，見其載陳蘭芳事，今猶記其概於此。按西人所撰萬國地理全圖集，言嘉應州人往婆羅開礦，穿山開道，自立國家，擇其長老者稱爲公司，限一年二年辦國政。又每月統紀，傳言波羅爲諸島之至大者，其山內有大湖，廣東數萬人往此湖之阿納地方，開金山探金沙，因恐土番之狼，設族黨頭目，如土酋管治其民。又外國史略，言婆羅島內地多高山，每年掘金沙者甚衆，其中漢人自立長領，不服他國，此皆道光時人之書，幷云該島內地，漢人能自立國，陳蘭芳則勢力尤大而特著者也。

夫我華僑流寓異域，能組織有秩序之團體，開拓土地，比諸英人克雷飛治印度，夫何讓焉，而終不免以領土主權俯首屬人，今且多被荷蘭人迫入彼籍，則以無國力爲之後盾也。嗚呼，可深慨哉！（據近人筆記）

宗山按陳蘭芳之名，不見于他書，而本文事實，核與梅縣余瀾馨所撰羅芳伯傳全相符合。余傳載「芳伯設蘭芳公司開採金沙」云云，則蘭芳或即芳伯之異名也。玩本文中「余曩覩（原文）某報，見其載陳蘭芳事，今猶記其概于此」云云，可知其來歷不甚可靠。（參閱余著羅傳自明）

（五）　殖民緬甸者

波童廠主桂家宮裏雁，雁隨明桂王入緬之官族也。順治間，桂王入緬時，其遺臣散入各國。有馬九功者，爲古剌招明潰兵三千。有江國泰者，暹羅妻以女。谷遣使約李定國於孟艮，將犄角夾攻緬，而吳三桂已檄緬人刦取桂王於緬都阿瓦。李定國發憤死，古剌暹羅之師，失望而返。桂王既被刦，隨從諸人，分散駐沙洲，蠻不之逐，謂水至盡漂矣。已而水至，洲不沒，蠻共神之。百餘年，生聚日盛，不忘桂王，自稱桂家，或作貴家。據緬甸北境木邦土司之波童山，設廠採銀，兵力强，羣蠻畏之。時華人多出邊入緬開礦，各廠不能支蠻者，丐請桂家即往。乾隆中，宮裏雁主波童廠，貌怪偉，滿面皆鬚，每戰鬬，未嘗受傷，故爲緬所畏。

緬於漢曰朱波，唐曰驃國，宋始稱緬。元征之不克。明初立車里老撾八百孟養木邦緬甸爲宣慰司，是謂滇南六慰。又立大小古剌宣慰司，即今緬甸南境白古地，勢力各相敵也。萬曆間，緬王莽瑞體崛起稱霸，侵併鄰邦，遂寇中國。後莽應裏爲劉某鄧子龍所破，始不敢復犯邊。清朝乾隆十八年，茂隆廠主吳尚賢說緬人貢，時緬與桂家有隙開戰，吳尚賢勸和不聽。甕籍牙者，緬屬木疏部土酋也。是年九月，戰勝桂家，遂敗敏家。

敏家爲文萊聲轉，亦作巫來由，乃白古部民族之名。先于乾隆十七年，攻據阿瓦。緬王麻哈祖走莽達剌。十九年，白古酋撒翁合得楞錫簿諸部，擒緬王而沉之江。撒翁據阿瓦，五年，甕籍牙起兵破之，自立於木疏，繼徙阿瓦，以力脅服諸土司，而桂家宮裏雁及木邦土司罕莽底不甘屬甕籍牙，合兵拒緬，反爲所破。時乾隆二十三年也。二十五年，甕籍牙死，子孟絡嗣，搆兵如故。

二十七年，宮裏雁謀內附，未果。會石牛廠主周彥靑相招宮裏雁，乃置妻曩占及男婦千餘人於我孟連土司，而自赴大金沙江上流之孟坑。宮裏雁既去，孟連土司刁派春乃分散其人於各寨，而置曩占及二女于城中。曩占知入牢籠，潛約部下，望城中火起來接應。已而刁派春索其貲財婦女殆盡，乃索曩占。曩占乘夜進其家，襲殺刁派春，遂縱火，其徒見火光盡集，偕走孟養。宮裏雁不知也。我永昌守楊重穀欲以宮裏雁爲功，誘置之法。宮裏雁將行，妾勸勿往，不聽，因泣從之，旣至，坐以擾邊罪，肆諸市，妾亦殉焉。

木邦本與桂家相依倚，宮裏雁旣死，木邦遂降緬擾邊。而曩占亦怨中國，嗾孟艮酋內犯，我車里土司大亂作矣。當是時，茂隆廠主吳尚賢，與桂家宮裏雁，皆爲滇邊保障，威懾諸蠻，形禁勢格，實有大功於中國。及二人相繼冤死，緬益無忌，大舉內犯，我是以有征緬之役云。（據劉健庭聞錄，師範緬事述略，趙翼平定緬甸述略，王昶征緬紀略，又按宮裏雁亦作古利宴，見魏源聖武記）

茂隆廠主吳尚賢，吳，雲南石屏州人也，家貧，走徼外之胡蘆國，其酋大山王蜂筑，信任之，與開茂山銀廠。廠例無尊卑，皆以兄弟稱。一人主廠，次一人統衆，次一人出兵。尚賢爲廠主，時華人赴緬者極衆，廠旣旺，聚至數十萬人，有警則兄弟全出。尚賢身自臨陣，每戰輒先，鬚雖少，皆擢起，蠻人見者，輒驚走。廠徒多財力，爲連弩，共以手挽而發之。凡在緬開廠者，互相聯絡，有蠻衆欲攻某廠，而憚茂隆阻，用重幣假道，尙賢陽許而陰告某廠使備之。蠻大敗，回過茂隆，截之無一脫者，所獲不可勝記，衆大歡，飲讌間，尙賢大哭不止，衆驚請故，尙賢曰：吾與衆兄弟忍飢寒開此廠，今一旦有此無妄財，懷父母妻子，我一人能支乎？爲蠻有矣。諸人各被酒爲豪舉，探懷中所掠者棄之淵，其操縱人皆類此。

乾隆十年，尙賢說葫蘆王蜂筑，以茂隆廠獻中國，抽課報解作貢，又自以銀介我耿馬宣撫司獻之，且言茂隆山銀廠自前明開採至今，興旺不一云云。未幾尙賢之黨黃耀祖，襲據葫蘆國，與尙賢分雄邊外，語具下文黃耀祖傳。而茂隆出銀不可思議，公私大充。

當是時羣蠻最畏者茂隆吳尙賢，及桂家宮裏雁。桂家與緬搆戰，尙賢欲和解之，不聽。十八年，尙賢說緬人貢，貢馴象塗金塔，尙賢亦來滇，謀請命中國給以葫蘆國王劄付，不能得，已辭大吏返廠矣，忽追回餓死之。羣蠻自是輕漢人矣。及兵與滇人每言吳尚賢宮裏雁若在，豈有邊禍，則尚賢之價值爲何如哉？（據師範緬事述略皇朝通考，及乾隆十年御史彭肇洙請靖邊荒疏）

胡蘆國王黃耀祖，本吳尚賢之黨，爲茂隆銀廠主兵。因事與尚賢不洽，乃請假徒往山獵，尚賢許之，遂以其徒入胡蘆。獵所得禽，時以遺其王蜂筑，蜂筑不之虞也。一夜襲破胡蘆而有之，尚賢屢招其歸不從，竟王胡蘆。其國一名卡瓦，北接耿馬宣撫司，東接孟定土府，南接學卡瓦，西接木邦，距永昌府十八程，自古未通中國，亦不屬緬甸，世或稱爲大山土司云。滇南徼外附近薩爾溫江一帶，其中部落甚多，即古所謂撣人種類。後漢時已能西通大秦，（即羅馬）民智有足稱者，胡蘆殆其一國。乾隆中黃耀祖，則以華人而君撣人也。（據師範緬事述略皇朝通考）

（六）殖民越南者

廣南國王阮潢，中國人，前明時廣南開國之王，亦卽越南阮朝之太祖也。本朝乾隆嘉慶間，新阮舊阮先後王越南，皆潢後裔，世多知今暹羅王家，其母統爲中國人。若今越南王家，其父統亦中國人，則知之者罕，不可不立傳以發明之也。

越南卽唐虞時之南交，其太古土著，爲雕題交趾民族。（彼國人所撰越南國史考云：史記黎李時軍士悉黥其額曰天子軍，此雕題之證。交趾，兩大趾開折，兩足相交也。予少年時見有遺老一二人，兩大趾分開平立，則相交穿履不入，此又爲交趾之證。今日通國中尚有交趾人，不能及國人百分之一，然皆甚蠢鈍無識，似太古時人。其餘伶利巧慧，皆北國漢人混化之種族也云云。此書考據詳核，議論明通，惟作者隱其姓名，蓋亡國遺民，欲藉此鼓吹國民光復之想，其情可哀，其志尤可敬也。書中甚推崇吳權黎桓黎利阮惠，皆以其能拒外兵，保全國土之故。然阮惠及今舊阮王家，其先本中國人，作者尚未知之）

南境古稱越裳國，北境古稱駱國，幷百粵種與兩廣古民族同源。（中國五領以南，太古土著，有甌有駱。廣東古稱陸梁，卽駱之轉音。）秦倂其地，置象郡，華人漸移居焉。水經注引林邑記曰：秦餘徙民，染同夷化，日南舊風，變易俱盡，是其證矣。秦亡，南越王趙佗擊倂之。漢置交趾，九眞，日南，等郡，徙罪人於交趾。（事見後漢書）東漢時馬援平女子徵側徵貳之亂，於日南郡象林縣，卽秦林邑縣南境，置兩銅柱以表漢界。晉書曰南有西卷縣夷帥。梁書林邑有西屠夷王，乃馬援置銅柱處，疑卽今之西貢隄岸地也。馬援北還，留十餘戶於銅柱處，至隋有三百餘戶，悉姓馬，土人以爲流寓，號曰馬流人。銅柱尋沒，馬流人常識其處云。（事見通典邊防典林邑條注，他書馬流或作馬留，吾粵珠江口外，有小島曰馬騮洲，疑其命名與民族遷徙有關係也。）後漢末林邑自立爲國，唐時更號環王，又改占城，惟交趾仍隸中國。唐於其地置安南都護府，安南之名始此。五代時，安南人始有據地自擅者，宋初別立爲安南國，於是全境不屬中國矣。

然自古以來，華人多移居其地，日久與土著混合，故越民語言，多中國音。其有國者，亦多中國姓，如林邑之區連范熊范文諸葛地安南之趙光復曲承裕楊廷藝吳權丁部領黎桓李公蘊陳日炬黎利皆是也，但無由證明其爲中國人。至如胡季犛（卽黎季犛）莫登庸雖能證明其爲中國人，而以篡得國，無足稱道，且與祖國殖民事業，亦罕關係。故今紀中國殖民越南之偉人，獨舉阮潢，其後裔阮光平，阮福映，不別立傳者，以孫從祖也。

阮氏立國廣南始末，諸書多能言之。顧不言爲中國人，惟皇朝通考四裔考云，廣南國王，中國人阮姓，此書成於乾隆四十五年，適當廣南與安南搆怨，中越交涉正繁時，見聞較眞，實中國殖民史及越南國史一重要之案據矣。

初明嘉靖中安南爲莫登庸所篡，國王黎維譓走保淸華，至萬曆中，黎維潭起兵，破莫復國，實其臣鄭氏阮氏之力，世爲左右輔政，總理國事，後阮輔政年老子幼，臨終以左輔政執事託其壻鄭松代理。（張燮東西洋考作鄭松，師範征南紀略作鄭阿保，實一人也）。松利之，不念還。松妻乃阮輔政長女，窺松意，密白國王黎維新，言吾弟已長，乞以輔政還之。時黎王偏信松言，反盡以輔政事權與松封爲平安王，而出松妻及其弟於廣南。弟卽阮輔政幼子，太傅端郡公阮潢也。（按張燮東西洋考，廣南有太傅阮某者，國相鄭松之舅也。松既執國政，阮不能平，擁兵出據於此。今據師範征安南紀略，則阮出居廣南，實鄭松之謀。此說出自乾隆時安南人來奔者之口，當可信據。又越南國史考，稱黎景興三十八年，詔開順化鄉試云云。順化卽廣南王所都也。黎景興王在位，正當中國乾隆時。是時廣南尙奉安南號令，則阮氏非叛黎王可知。其世以爲仇者，輔政鄭氏而已。近人著述，僅據張燮東西洋考，直謂阮潢反，稍失實矣）。廣南全境，皆占城故壤。元明間先後併入安南，然猶以土人與安南人分理其事。至阮潢出鎭，始盡握其政權，官吏悉用安南人及中國人。時宋山鄉曲清化又安義勇多挈眷從潢者，其後屢移又安河靜居民往廣南各地，從事墾拓。於是人口繁滋，田土大闢，蔚然成一新國矣。

阮潢居順化，號廣南王，亦稱順化王，威行旁郡，號令諸夷，將於東京。安南舊轄之新州提夷兩商港，皆屬焉。凡賈舶在新州提夷者，必走數日程，詣廣南入貢。廣南遙給以木牌，民過木牌，必致敬乃行。木牌者聽民貿易之號令，本安南故俗也。是時中國賈舶，多至廣南貿易，其非赴廣南之舶，誤入其境，稅物加倍，若他國賈舶犯此則悉沒入其貨而焚其船，歐洲人最畏之。蓋阮氏以中國人而王廣南，故待中國人較他國人爲優云。

萬歷四十一年阮潢卒，子福源立，始修貢於東京，嗣後沿爲故事。清朝康熙八年，廣東都司劉世虎等，遇風漂泊其地。廣南王遣臣趙文炳送歸，文炳本中國人而官於廣南者也。部議欲留之，聖祖命給以照驗，遣歸。雍正時陳倫炯著海國見聞錄，言廣南阮王南轄祿賴柬埔寨崑大嗎，（祿賴海錄作龍奈聖武記作農耐。阮福映起兵，取爲根據之地也。柬埔寨，即後漢書南蠻傳之究不事。又元周達觀真獵風土記，謂之甘孛智。又引西番經謂之澉浦史。越南國史考，謂之高綿，又謂之高蠻，皆聲轉。隋以後各史幷稱真獵，亦南方名國也。崑大嗎，即皇朝四裔考之尹代馬國也）聲威視安南尤盛矣。

初越南本分三國，在北圻者古爲鴻龐氏雄王地，號文郎國，卽駱國，（按文郎與文萊，馬來，巫來，皆一聲之轉。如南洋婆羅島北境之婆羅國，或稱文萊，又稱文郎。此島南境之馬辰國，或稱文郎馬辰，皆馬來人也。亞洲南境各國多馬來種。安南古名文郎國，疑亦此種人矣）漢爲交趾郡，唐爲交州都護府，宋以後自立爲安南國。在中圻者，古爲越裳國，漢爲九真日南郡，後漢末自立爲林邑國，唐以後爲占城國。在南圻者，爲水真臘國，其西柬埔寨，即陸真臘國也。安南黎李陳黎諸朝，蠶食占城，攘其北境，以北圻之河內爲東京，以中圻之順化爲西京，而西京形勢尤盛。故阮氏據此，資之以兼幷鄰邦。孝哲孝明兩王時，廣南迭破占城，取其全國，會水真臘與陸真臘爭，求援於廣南，孝明王以兵赴援，攻退陸真臘，因以保護水真臘爲名，駐兵於此，遂據而有之。其地穀米魚利甲全國，自古有富貴真臘之名，是爲南圻。蓋自阮潢創立廣南國，至是凡百餘年，而國力日强，潢之威靈獨赫然矣。傳至乾隆時，阮福順爲廣南王，而有阮光平之事。

阮光平本名惠，亦阮潢之後。（據阮光平上中國降表言，守廣南已九世可證。）驍勇善戰，分鎮西山，以廣南民心不附，乃與兄阮岳、弟阮惠，起兵攻阮福順，破順化，略定廣南全境，是爲新阮。乾隆五十一年，率兵入東京，滅鄭氏，爲阮潢復仇，旋取象載珍寶歸廣南。安南臣貢整謀扶黎拒阮，阮惠遣將阮任率兵數萬攻滅貢整。阮任據東京，亦欲自王，惠復以兵誅任，時乾隆五十三年也。安南王黎維祁乞救於中國。明年，朝廷命孫士毅出師，破阮惠兵，克復東京。是冬，惠集廣南之衆，傾巢來襲，孫士毅軍潰走還，黎維祁來投。阮惠亦改名阮光平，叩關謝罪乞降，并請五十五年來祝八旬萬壽。尋入朝，受封安南國王而歸，是爲阮氏王安南之始。五十七年，光平卒，子弘瑞立，即光纘。嘉慶七年，爲阮福映所破，被執，安南遂歸舊阮。

阮福映本名種，廣南故王阮福順從子也。當阮光平破福順時，福映與其遺臣遁於海島，遇法蘭西傳教師阿蘭特，甚相得，於是福映赴暹羅，而遣世子景偺阿蘭特（或作伯多祿）往法蘭西乞師助其復國。會暹王方與新阮爭東埔寨地搆兵，乃以女弟妻福映，與之兵，福映亦募兵進復農耐，卽王位。越數年，阿蘭特得請於政府，發印度本地治里水軍來援，破新阮軍。未幾阮光平卒，新阮勢日蹙。嘉慶四年，福映破順化，七年，破東京，執阮光纘，略定全國，是爲舊阮，遣使入貢，備陳搆兵始末，言其舊封農耐本古越裳之地，今兼幷安南，不忘世守，乞以越南名國。詔封越南國王。福映在位時，仿造歐洲兵船火器，水陸軍皆按歐洲兵法訓練而成，西人稱爲紀律之師。在亞洲各國中罕與匹敵。（見四洲志）由今思昔，益令人不勝盛衰之感矣。

自前明萬歷而後，西班牙法蘭西基督教徒，多往安南傳教，及福映乞援於法，許事成割讓沱㶁島及富國崑崙等島，以化南島爲兩國共有，幷許法人通商與居往往來自由之權利。又感阿蘭特援助，處之西貢，於是傳教之徒益盛，既而悔之，臨卒遺言愼防法人，毋割土地。福映固有遠見，而後人卒不克自保其國，洵可哀已。

今越南王位，有同贅疣，然王號固猶未革，且爲阮潢之裔，其先實華種也。其民族中歷代多華種混合，而嘉道在彼入籍，約四十四萬。（見四洲志）凡此皆神明遺胄，而不免奴隸於法人，是我中國同胞所宜矜念者矣。（據明張燮東西洋考，國朝陳倫炯海國見聞錄，皇朝通考，師範征安南紀略，魏源聖武記，海國圖志，近人重譯考訂東洋史要，越南人所撰越南國史考）

按黎季犛莫登庸皆嘗王安南，其先並中國人也。黎季犛本姓胡，篡位後，改姓名胡一元，見於明史。又越南國史考云：浙江人胡興逸，五季時來歸，因邑演州，至四世孫爲胡季犛。是書稱黎季犛皆曰胡季犛，此條可補中國舊籍所未備者也。莫登庸相傳爲廣東東莞縣人，今南海境內，有莫王墳，土人謂是莫登庸先世之墳也。此二人皆篡竊不足道，故僅立阮潢傳，而以阮光平阮福映附焉。

越南國史考，引證漢種之混合，其所載有關於殖民故實者數條，摘錄於此。漢武帝誅呂嘉，開九郡，設刺史，徙中國人雜居其間，李賁，其先北人，西漢末避居南土，七世至賁，遂爲南人。陳太宗元豐七年，宋土官黃炳，挈家詣闕，進其女，復以屬部千二百人來附。聖宗紹隆十五年，宋人以船三十艘來求附，遂安插於京城外街、衕、坊。

港口國王鄭天賜，世爲港口國王。其傳國世次不可考。雍正七年後，與中國通市不絕，乾隆中天賜在位，中國始知其名。

所轄地方數百里，以木爲城，宮室與中國無異。自王居以下，皆用磚瓦，服飾制度，彷彿中國。前代王蓄髮戴網巾紗帽，身衣蟒袍，腰圍角帶，所鞾爲履。民衣長領廣袖。有喪皆衣白，平居以雜色爲之，相見以合掌拱上爲體。重文學，好詩書，國中建有孔子廟，王與國人皆敬禮之，設學校，絃誦其中，貧而不能具修脯者亦收焉。漢人有蹴居其地，而能句讀曉文義者，則延以爲師，子弟皆彬彬如也。

按唐書言占城南抵奔浪陀州，宋史有賓陀羅國，元史言占城有賓多龍舊州。明史有賓童龍國，殆鄚氏所王之港口國，與柬埔寨相連，當在今越南南圻境內。（南圻本水真臘地，北境與占城相錯。宋世真臘滅占城，以真臘人王之，爲屬國，竊疑賓陀羅分立爲國，亦在此時。元史言占城徵賓多龍舊州兵，以拒元軍，蓋元世占城已自立，故賓多仍占城謂之舊州者，此地在唐世本占城一州，觀唐書可證也。明世音轉爲賓童龍，海舶常至，故國小而名著。本朝又稱港口者，殆出於賈客舟師之傳述，但知其爲商港，不復求其本名耳。近日地理家，謂賓童龍在南圻海峽，與皇朝通考所云：港口國中多崇山，其說亦適相近也。考前人殖民故事，當知其殖於何地，乃證明之。）

其國民尚漢學，行漢俗，以漢人流寓者爲師，則多漢人遺裔可知。其王本漢姓，且能以孔子之道化民，則先代亦必漢人矣。雖地小力弱，不能不服屬安南暹羅，然南圻一帶自古未聞奉孔教，獨港口國爲然，是鄭王對於祖國，不特殖民有功，抑亦宣揚聖道之一巨子也。惜前籍缺略，不知其王此國始於何代，開創者何名，今特爲天賜立傳，庶幾發潛德之幽光云爾。（據皇朝通考海國圖志）

（七） 殖民暹羅者

暹羅國王鄭昭，廣東潮州澄海縣人，隨父流寓暹羅。

暹羅者，古之扶南也。三國時，吳康泰使扶南歸，著扶南土俗傳，是爲華人至暹羅見於載籍之始。唐時扶南爲真臘所併，宋時復自立，分爲羅斛暹二國。元時暹常入貢，後羅斛强，併有暹地。明洪武中入朝，賜印文，始稱暹羅國，而其本國人自稱則音近台云。（台借用原文上從台下從火） 華人流寓者，皆籍閩粵，而粵人尤多，有由海道往者，有由欽州王光十萬山穿越南境往者。明中葉，閩之汀州人謝文彬，以販鹽下海，飄入其國，仕至坤岳，猶中國學士也。成化中充貢使來朝，是爲華人官暹羅，見於載籍之始。明末，桂王遺臣江國泰入暹羅，暹羅妻以女，因遣使約李定國夾攻緬甸。會定國死，不果，語具上文桂家宮裏雁傳。順治九年，暹羅請使請貢，幷換給印敕勘合從之，自是入貢不絕。雍正二年，其貢船稍目九十六人，本係華人，求免回籍，許之，蓋華人流寓暹羅，輒長子孫，故其民半華種也。

其地西鄰緬甸，世爲仇敵。乾隆三十六年，緬王孟駁攻暹滅之，資其財賦，以抗中國。鄭昭故仕暹，位至宰相，時方罷職居於南部，年五十餘矣。乾隆四十三年，偕國人起義師，與緬一戰大破之，衆戴爲王。乘緬抗拒中國，人傷財困之後，盡復舊壤。明年，復興師占緬邊地，緬當兩大敵，力莫能支，乃不敢再犯中國，論者謂乾隆官軍征緬一役，得以竣事者，鄭昭實有犄角功云。

初暹之滅於緬也，前王二子，一奔東埔寨，一奔廣南國河僊鎮，（今越南南圻地）投法國教士。河僊守莫氏，故與暹前王有隙，乃責教士，執王子，時東埔寨王方避亂出亡在暹，謀復國。鄭昭既王暹，以兵送柬埔寨王，并求暹前王子，遂入柬埔寨，進陷河僊，虜莫氏戚屬，略昭篤及南旺等地。廣南王阮福順起兵分二路出樂嘉及水道來拒，暹軍失利，尋莫氏勸和，昭乃返其俘與廣南王；專力於緬。乾隆四十六年，遣使入貢，奏稱自遭緬匪侵凌，雖復土報仇，紹裔無人，茲羣吏推昭爲長，遵例貢獻方物。

四十七年，昭卒，無子，國亂，其壻華策格里，方率師在柬埔寨，聞變歸平亂，遂嗣位。華策格里，本暹羅土人，昭早年養以爲子，復妻以女，材武類昭，建國時戰功第一者也。五十一年，遣使入貢，表文稱鄭華，實即華策格里。（或作達約德富，亦即此人。其云昭之弟者，蓋傳訛也。皇朝通考及癸巳類稿，并稱昭子鄭華，實則昭養子也）。詔封華暹羅國王，是爲今王家始祖。百餘年來，君臨暹羅者，固猶是鄭昭之女之遺裔也。

暹羅自古爲中國殖民地，明史已載，謝文彬爲彼國坤岳，是華僑勢力之發展，在前代已然。入清朝而尤盛。雍正間陳倫炯著海國見聞錄，言暹羅尊敬中國，用漢人爲官屬，理國政，掌財賦，是其證矣。鄭昭本潮州人，隨父流寓，竟以舊相而王其地。故自乾隆以後，潮州人多有受暹羅封爵而握國權者。（見西人所撰每月統紀傳）其餘閩粵僑民婚土女從土俗者頗多，國王亦擇以爲官。（見西人所撰外國史略）其俗藐視外國人，有商船至其地者，輒待同蠻夷，以爲無能爲役，而獨尊中國。四洲志所述如此，則是道光時尚然矣。因緣怵於大國聲威，抑鄭昭原籍中國，其豐功偉烈，足以服其人心耶。

咸豐以後，中國多故，暹羅始不通貢，然華人移殖彼地者益多，計今暹羅人民約二千萬，（校者按暹羅全國人口僅八百餘萬，無二千萬之多。）華人遺裔居三之一，其未隸彼國籍者，尚百五六十萬。嗚呼，何其多也？合南洋諸羣島國華僑共六百餘萬，而暹羅獨占四之一，無一地足與相比。若溯其遠因，何得斷然謂與彼國王統絕無關係哉？嗚呼，鄭昭之遺澤長矣。日本山田長政，及木谷久衛，前明時並爲暹羅藩王，（山田長政，日本駿河人，天啓中，客暹羅，會六崑來侵，長政以策干暹王，王命爲將，大破六崑兵，追擊至六崑國都。暹王封長政爲六崑王，妻以女，使當國政，尙威猛，衆頗怨怒。後暹王爲其下所廢，長政亦尋卒。其女名因雄武似父，兼王六崑大呢兩國。同時有木谷久右衞者，日本和泉人，亦旅於暹，適緬甸以兵六萬，自阿瓦來侵，久右衞與長政率暹兵迎擊破之。暹王賞其功，封附庸王，僕足與吾國之施進卿相伯仲。）（施進卿事見明史，詳上文。蘇門答剌島梁道明傳）而日人恆誇耀以爲國榮，况於鄭昭者，收暹羅敗亡之餘燼，恢復全國而君之，其雄偉更何如哉！（據皇朝通考，俞正燮癸巳類稿，近人重譯東洋史要日本人所撰暹羅史，東洋歷史大辭典。）

（八） 殖民馬來半島者

開闢柔佛檳榔嶼首領葉來，廣東嘉應州人也。嘉慶間，流寓馬來半島之新嘉坡。

馬來半島者，即梁書南夷傳所稱頓遜，迴入海中千餘里，漲海無涯岸，船舶未曾得逕過者是也。此半島南端，爲柔佛國，有港口曰新嘉坡。華人自唐以來已僑寓其地。（顏斯綜南洋蠡測云星忌利坡按卽新嘉坡對音。）有唐（人按此唐人係謂中國人，非指唐朝人也。）墳墓碑記，梁朝年號，及宋代咸淳，乃其證矣。英人之以貲購新嘉坡於柔佛，在嘉慶二十四年，（按來佛士之取新嘉坡係在一八一九年）其在南洋海峽占勢力至此始，然僅列廛海岸，而內地尚轄於柔佛王。我華人往彼地營生者，多從事錫礦，與土蠻恆有齟齬。嘉慶末，柔佛王下令逐華人。

時葉來同族在柔佛者三百人，決議抗拒，推來爲首，率衆與戰勝之，知其必將報復，乃益購軍械，遣子弟歸國，糾嘉應葉族萬餘人渡海助戰，鄰村應者亦多，他邑之流寓者並從焉。血戰八年，卒定柔佛全境。已而檳榔嶼華僑亦與土蠻衝突，求援於來，來復率衆助戰，三年遂定檳榔嶼，皆與英領之新嘉坡，不相屬也。然柔佛密邇新嘉坡，而檳榔嶼在蔴六甲海峽中，亦占形勝，英人既怵華僑勢力，且欺其不能得本國政府之援，乃脅之以威，使舉此二地爲彼屬。葉來自度難與強大之英政府爲敵，不得已以領土主權歸諸英，而僅自保其土地所有權，納租稅於英云。柔佛西北有地名蔴六甲，即明史之滿剌加國。明末，葡萄牙攻併其地，順治間爲荷蘭所奪。道光五年，英人以蘇門答剌領土易得蔴六甲於荷蘭，與新嘉坡檳榔嶼並稱三埠，所謂海峽殖民地也。滿剌加、蔴六甲，乃馬來聲轉，蓋馬來半島，有大山脈亘其中，山脈以東諸國曰：斜仔、六崑、宋卡、大呢、吉蘭丹、丁噶奴、彭亨，山脈以西諸國曰：貴德、（按貴德即吉打）卑力、（卑力今作吡叻或霹靂）石郎、（石郎今作雪蘭莪）芙蓉、滿剌加、（即蔴六甲）南則柔佛也，皆馬來種人，故統名馬來半島。滿剌加以種名爲國名耳。

嗣後往南洋者日衆，光緒初，石郎國之吉壟埠，（吉壟即吉隆坡）卑力國之罅律埠，（罅律即壖羅亦名怡保）採錫礦工十餘萬。石郎王待之尤苛，華僑與戰，破而俘之。倡首者聞亦嘉應州人，其卑力亦因貪詐啓戰爭，爲華僑所敗，削平其地，先是石郎卑力（石郎即沙剌我，又作石闌莪，卑力卽辟叻，又作白臘）。本自主小部，至是英人乘我勝後，遽入而伐之，設官於二國，盡奪王權，拔山通道，征收錫煙酒稅，以法部勒華人，華人不能抗，乃勉安焉。今吉礱鏄律商務，與新嘉坡麻六甲檳榔嶼三埠相表裏，則我僑民創定之功也。（據薛福成四國日記及某叢報（卽新民叢報）。

附錄南洋二俠

菲律濱寓俠潘和五，閩人也。明萬歷間，流寓呂宋。

先是閩人以呂宋地近，商販者至數萬人，往往久居不返，至長子孫。西班牙既據呂宋，易名菲律濱，遣將戍守，慮華人衆爲變，多逐之歸，留者悉被侵奪。

萬歷二十一年，班酋郎雷敝裏係勞侵美洛居，（明史之美洛居，卽今菲律濱東南之摩鹿加島，與滿剌加相去甚遠。某叢報（按凡所稱某叢報，皆指新民叢報。作者當時或因有所避忌故不明舉) 記潘和五事，改美洛居三字爲滿剌加，蓋失考也。役華人二百五十助戰，和五爲其哨官班人日酣臥，而令華人操舟，稍怠輒鞭打有至死者。和五曰叛死箠死，等死耳，否亦且戰死，曷若刺殺此酋以救死。勝則揚帆歸，不勝而見縛，死未晚也。衆然之，乃夜刺殺郎雷，持其首大呼，班人驚亂，不知所爲，悉被刃或落水死，乃盡收其金寶甲仗，駕舟歸，失路之安南，和五遂留不返。(據明史)

葛剌巴寓俠連富中國人。乾隆間爲葛剌巴甲必丹。

葛剌巴本爪哇故地，自明以來，閩粵人居此數萬計，生長其地者曰土生仔自爪哇爲荷蘭所併，委官駐葛剌巴鎮之，設甲必丹，(甲必丹猶市長之類) 司華人貿易。人有罪則徙西隴。西隴在南洋中，距葛剌巴遠甚，荷蘭國舊所屬地也，乾隆六年間閏六月，爲羣番所擾。荷蘭力不勝，遣罪人禦之，許成功後令還。葛剌巴罪人奮勇效命，戰屢捷，羣番爲之退却。荷蘭雖有立功贖罪之命，然慮遣還罪人，則西隴孤弱，一再令葛剌巴調無辜華人往代。

時連富方爲甲必丹，以華人在此貿易，惟領票輸銀，無調取之例，不受命。荷官拘之，被獲者先後不勝計，於是漢人大恐，鳴金罷市。荷官發礮相攻，殺傷頗衆。中國聞之，議停葛剌巴貿易。後聞荷蘭已將肇釁之官黜責，於華船返棹時，加意撫慰護送，囑再往，無擾及商客之意，乃仍許其通商。（據皇朝通考）

安斑瀾島王張傑諸，廣東潮州人。

幼失學，年十二，無所依賴，聞里中有駛甲板船者，往乞爲船中小使，隨航南洋羣島，止於爪亞及冠，復航爪亞海帝汶海間，與小島土人貿易。中有安斑瀾島名沙頓人者，約占該島土人七分之一，皆宋明亡兵之苗裔也。傑諸至，愛之，認爲兄弟。

一日，沙頓人因小事與土人鬥，人少而弱，不能敵，賴傑諸調停，遂得安謐。沙頓人德之，彌益親愛。傑諸見親己者不能敵土人，殊憤懣。因勸其低心下氣，以作後圖。晝經商，夜習武藝，閱數年相安無事。傑諸弗敢懈，每與沙頓人追談往事，恆摩拳擦掌，誓欲蹴倒土人以洩其憤，聽者皆爲動容，各欲一試其數年來所嫺之武藝，躍躍而不能自已。傑諸乃爲之編分三團，教以攻守各要道，層次井井，沙頓人大悅，公推傑諸爲團總。

傑諸因以己意創徵煙稅，以供團費，沙頓人靡不遵納。翌年行諸土人，土人大譁；因與之戰，勝之，土人乃服。初土王但徵人頭稅於土人及沙頓人，至是復下煙稅令，沙頓人抗之，土人之狡者復兩邊推諉而不肯納，土王怒，命人擒傑諸。傑諸逐之，鏖戰數仗。卒獲勝，更進追之，土王乃遷避於鄰近之哈里島。沙頓人大喜，公舉傑諸以代，固辭不獲，乃約曰：『必聽我令乃可』。衆皆諾，遂受王位。於是改法制，用嚴刑，出入各貨物分別加稅，新章既布，人人駭異。因傑諸性燥急，觸其怒，目若饑虎，眈眈欲噬人；人素畏之。且又震於一時戰功，不獲已，皆勉強從命。

先土王有妖術，名曰鋼條，無遠近，能使人迷信。既遁之明年，率哈里親王以黨人來寇，土人輒助之，勢甚熾。傑諸乃設伏於山，自統沙頓兵往海口迎戰，詐敗，誘入山，伏兵突起，截來兵爲二，使前後不相顧。傑諸迴兵返攻，適風緊塵埃蔽空，對面不能見，但聞四面吹海螺角者，聲震山岳，若有無數雄兵。哈里人大驚潰散，自相踐蹈，紛紛逃至海口，急覓己船，已悉爲傑諸牽去，勢大窘，追兵且至，因急匿於土人處。越數日，土人厭惡之，互相衝突。哈里人大悔痛哭，莫可如何。傑諸偵悉其事，多贈食物及帆船，遣送回國。時惟土王潛逃鄰島，厥後屢圖報復，卒不能逞。

當傑諸既擁王位，查在安斑爛者，除己一人外，無華人蹤跡，因設特別優待之策，招之使來。安斑瀾米之出口甚多，其量法以三千斤爲一車。傑諸令賣者出米三千二百斤爲一車，買者仍得三千斤，餘二百斤存儲倉庫，備供華人初到之需。並廣登告白，於是吾國人在爪亞西里百等埠者，輻輳而至。至者各賜米千斤，兼附少女一人，以資伺應。

第安斑瀾風土險惡，每至陽歷二三月，東南風日夜不息，且地土卑濕，華人不慣，故初到者往往患頭痛脚腫等病，死亡相望，來者日少。傑諸又設特別保護之法，每遇此時，令僑寓華人，避居他島，財產貨物，則付沙頓人守護。造清册，存王府以資稽核，返時按册交回，不爽纍黍。自此華人商業日見繁盛，十餘年間，大小店戶驟增至百餘間，並握該島商業之牛耳。如福建之泉州永春州等處人，往而致富者尤夥。

一千八百八十二年，荷蘭人以兵力强借其海口，越數年，傑諸暴病而薨，身後無嗣，荷蘭官爰抄沒其財產，計金三千八百餘萬盾，運珠寶者三百人日往返三，凡三日夜乃盡，其王位遂選其前土王之親屬以嗣。

（錄自傅紹曾南洋見聞錄）

結論

胡炳熊曰：南洋最著名之大島有四，曰蘇門答剌，曰爪哇，曰婆羅，曰菲律濱；海岸各國之區畫亦四，曰緬甸，曰越南，曰暹羅，曰馬來半島；顧無一地無華僑創國於其間，斯已奇矣。傳中諸人行事雄偉，閱之使人氣壯，得一已足爲國光，而其數乃至十六，絶非他國歷史所可擬，斯益奇矣。

豪傑之生，往往並世，此十六人中，若開闢舊港首領梁道明，若新村主某，皆明永樂時人也。若舊港番舶長張璉，若開闢菲律濱西境首領李馬奔，若開闢浡泥邊地林道乾，若婆羅國王某，若廣南王阮潢，皆明萬曆時人也。若戴燕國王吳元盛，若坤甸客長羅芳伯，若波童廠主桂家宮裏雁，若茂隆廠主吳尚賢，若胡蘆國王黃耀祖，若港口國王鄭天賜，若暹羅國王鄭昭，皆乾隆時人也。若崑甸國王陳蘭芳，若開闢柔佛檳榔嶼首領葉來，皆嘉慶時人也。

余嘗推尋其故：自明太祖即位，遣使招徠南洋諸番，華人出外經商者益衆，故永樂間遂有崛起執島國主權者。明之中葉，倭寇猖獗，沿海用兵，一二豪傑因謀創事業於海外，故立國多在萬歷時也。本朝康熙間，海禁綦嚴。雍正弛之，商販之路通，故乾隆間豪傑並興，至嘉慶尙有繼起者，雖或別有原因，要由僑寓南洋人口衆多，勢力宏大，故能起匹夫而王其地，是以見交通之大有利於殖民也。

此外若附見梁道明傳中之舊港宣慰使施進卿，亦永樂時人。若菲律濱寓俠潘和五，及附見婆羅國王傳中之浡泥國那督張姓，附見鄭昭傳中之暹羅國坤岳謝文彬，亦萬歷時人。若附見阮潢傳中之廣南官趙文炳，亦雍正時人。若葛剌巴寓俠連富，及附見新村傳中之三寶隴甲必丹陳豹卿，附見宮裏雁傳中之緬甸石牛廠主周彥卿，亦乾隆時人。其附見阮潢傳中之阮光平，阮福映，乾嘉間先後王越南，則皆阮潢後人，光大先業者也。凡此皆與中國殖民有直接間接之關係。而潘和五連富抗拒西人苛法，以救同胞；尤義烈可風。其精神魄力，比諸十六偉人，蓋無軒輊，故亦爲傳列於後。至於張姓及謝文彬趙文炳，僅爲人臣；周彥卿雖與宮裏雁合力拒緬，而無事可紀；施進卿固嘗君舊港矣，然服屬爪哇，事業較遜；新阮舊阮，席先人遺業，勳烈赫然，又與十六偉人之純屬開創者，所遭不同，故皆附見焉。其桂王遺臣馬九功，江國泰二人，國初由緬甸轉徙，或入古剌，或入暹羅，謀起兵恢復明室，忠肝義膽，照耀千秋，特於宮裏雁傳牽連其事，以見忠於桂王之人心，及桂家創業之所本，則與附見者不同例矣。

余又考十六偉人不特多同時，其鄉貫及出身亦恆相類。梁道明，南海逃民也；（此事明史外國傳不載，惟見於廣東通志外番志。此志又言施進卿乃梁道明副頭目，後代道明領其衆，亦與明史異，附識於此）張璉，李馬奔，林道乾，皆海盜敗奔者也；新村主吳元盛，羅芳伯，陳蘭芳，則經商者也；宮裏雁，吳尙賢，黃耀祖，葉來，則開礦者也；婆羅王阮潢，鄭天賜，鄭昭，則先世流寓者也。其中惟宮裏雁爲桂王之官族，吳尙賢爲滇人，黃耀祖亦當屬滇人，此由陸道入緬甸者。婆羅王李馬奔，林道乾，皆閩人；梁道明，新村主張璉，吳元盛，羅芳伯，陳蘭芳，鄭昭，葉來，皆粵人；阮潢，鄭天賜，亦當屬粵人；除兩鄭一阮，無由知其先世外徙，出於何途，其餘則

皆由海道往者也

中國殖民事業，不出於政府，不出於貴族，乃出於窮邊沿海冒險謀生之民，今之談擴張殖民者，其措施之法當若何，可由此而悟其理矣。抑泰西殖民，多藉國力，中國殖民，獨成以私人，誠我種人之奇光異彩，可以炫耀於環球。然因無國力爲後盾之故，終不可以持久，今南洋僑民，雖不下數百萬人，咸蜷伏於外人領土主權之下，宛轉呼號，痛心疾首，受所謂文明種族之苛待，而無如何。回溯我先民手創之大業，已如輕煙，如流雲，隨迅雷疾風以俱逝矣。自葉來而後，復有粵人奠定吉隴、鋪律之兩事，曾不轉瞬，遂見奪於英人，我同胞血戰而得之，彼族垂手而享之，悠悠蒼天，曷其有極！由今哀而思昔盛，感不絕於余心，余所以擲筆而不忍再書者也。

嗟我政府，嗟我同胞，不可無以維其後，合羣而研究方略，責在吾人，抑殖民專部之建設，夫亦安容已矣。

檳榔嶼志略

檳榔嶼志略

姚枏　張禮千　著

民國三十二年商務印書館鉛印本

桃朝先生著

張禮千

檳榔嶼志略

陳[illegible]小題

姚枬
張禮千 著

檳榔嶼志略

中國南洋學會主編
商務印書館印行

目錄

張序

一百五十六年之前，英人在東方之勢力，尚圖於印度，逮一七八六年八月十一日租佔檳榔嶼後，遂藉此爲跳板，東侵之鋒乃盛。閱九年，即自荷人手中取得滿剌加，至一八一九年新嘉坡亦歸英統治，於是吾僑所稱之三州府，英人所名之海峽殖民地，始告完成。一八二四年春，英荷締約於倫敦，南海勢力，平分秋色，如是相安無事者約一百二十年。英人在南海之勢力旣固，遂擴及吾中華，一八四二年之佔領香港（按道光二十年粵督琦善已許英人議割讓香港，二十一年一月二十六日上午八時一刻，英人即於香港登陸昇旗，二十二年七月二十七日南京條約成立，至是香港正式歸英），其最著者也。夷考檳城（吾僑呼檳榔嶼之別名也），島如彈丸，英人獲之，竟收宏效，新嘉坡雖後來居上，形成南海之重心，然就歷史言，奠英人東侵之基者，檳城實開其端也，是安可無專書以志其蹟耶？西人之記檳嶼者，據余所知凡十餘種，類多尋風問俗，描景寫色之作，即所謂檳榔嶼開闢史者（用譯本名稱）亦僅摭拾賴德之遺聞瑣事，未足稱爲史也。漢文之作，亦有兩種：一爲閩侯人力鈞所著之檳榔嶼志；一爲嘉應州人張榕軒昆仲所錄之檳嶼記事本末（此係海國公餘輯錄中之第一種），茲二書問世以來，雖僅四、五十年，然流傳絕少，已視同拱璧，梓良有慨於此，出其所著，並雜余之舊作三篇，遂成斯書，凡所載錄，莫不考覈，較之道聽塗說，隨意成書者，或可差勝一籌，例如釋名之中，未引瀛國公餘續錄之母呵老王子島一名，具見其慎重也。按續錄卷一所載：「檳榔嶼又名母呵老王子島，母呵老，黑人也，本巫來由種，元末入英，拜英王行毋利第三為誼父，英人始知有南洋各島，以其名名此島，蓋不忘母呵老之功也。」此說就今觀之，顯係訛載。蓋英人之知檳榔嶼，始於一五九二年，任檢何書，未有早於斯者，至其中之「母呵老」乃係 Maharaja 之對音，義曰「大王」，南海之土豪，恆用此稱，無足異也，巫來由為 Malayu 之音譯，即義淨所呼之末羅瑜，今巫人是也。元末之英王為愛德華三世，此殆所謂行毋利皸，續錄引用此文，固知其荒遠無稽，然仍襲魏源之舊說，謂檳榔嶼即島夷誌略之勾欄山，明史之交欄山，終未免大誤也。由是吾人知著譯之難，而發憤研究之不容或緩焉。

余嘗謂國人注意南洋文化，自漢而降，代有其人，如隋唐有四方館之創設，大明有四夷館之成立，至清初尚有四譯館。凡此皆研究南海語言文物之機關也，明京山王宗載有言曰：「遐陬僻壤，聲教隔閡，語言文字，各成一家，典籍脊者不有專業，何以宣聖德而達夷情，此四夷館之設，獻議甚宏遠也。」誰知此種獻議，未嘗宏遠，近百年來，蔑然而止。於是研究南洋學術，竟為後起之西人所獨擅矣。國人之留心於斯道者，或剽竊日籍，或取材歐文，能別具創見，制為定說者，百不得一，所謂研究機關，如南洋文化專業部，如中南文化協會，如南洋文化學會之類，大都作輟無常，旋生旋滅，南洋學術之荒落，未能與歐美並駕齊驅，豈不宜哉？

抗戰而還，吾國政府，頗知注意，最近且特設機關，開始研究，他日人材蔚起，追踵歐美，當意中事耳。余以檳榔嶼之小如檳榔，世人尚知注意，則吾千萬僑民麕集之南洋，奚可忽耶！故本書之問世，其旨在引起國人之研究。今檳城陷於地獄，將及週年，所謂東方之瓌寶，半島之樂園，人間之天堂，吾人不知何日再能領略。言念及此，感慨繫之，序竟，不覺心馳而神往也。

中華民國三十一年十一月六日張禮千序於山洞和尚坡漱石山房

檳榔嶼志略

一　釋名

檳榔嶼位於蘇門答臘之東北，爲馬六甲海峽北端之一小島，吾國古籍，向乏記載，明武備志航海圖始誌其迹，清謝清高海錄則有專條著錄，惟清高口述海錄時，已在英人開闢此島後三十餘年矣。

檳榔嶼雖爲彈丸之地，然名稱紛歧，冠於馬來半島諸埠，陳宗山嘗著檳榔嶼異名考釋一文，詮註頗詳，足資參考，惟其間敘述似較含混，考證亦極簡略，茲就所知，加以補充。

檳榔嶼一名，首見武備志航海圖，其馬來對音爲 Pulau Pinang，蓋 Pulau 爲島，Pinang 卽檳榔也。一五九二年，英人蘭開斯忒(Lancaster)航抵此島，則稱之爲 Pulau Pinaon。

或云檳榔嶼以盛產檳榔而得名，實亦未能論斷，因檳榔旣非檳榔嶼昔時之特產，又非今日所廣植。按賴德氏(Francis)開闢此嶼時，其地人跡罕至，觸目荒涼，叢林豐草有之，檳榔固未嘗爲開闢者所注意之植物也。現時該嶼雖亦有檳榔之種植，但亦未能謂爲特產，據政府調查，馬來亞種植檳榔最多者，當推柔佛，耕種面積達三萬七千畝，次爲吉蘭丹，面積六千畝，至海峽殖民地全部耕種面積不過二千英畝弱耳。許雲樵以為檳榔一詞，或即形容該島之小似檳榔，因以名之（見星洲日報南洋史地第四期廖島巡禮），其言雖云臆測，亦有可能。總之，巫人稱呼一地，偶用物名，日久慣稱，其原由已不可考，初非能一一齊論斷。如星洲附近有香蕉島（Pulau Pisang），而檳島北端與麻六甲鹿加寧島中亦各有香蕉島一，三島同名，蓋均以當地巫人因事就物，而致慣用熟道，當不能謂為有若何意義包涵在內也。

關於檳榔嶼之名稱，大別之可分三類，一指全島，一指市鎮，一為 Penang 一字之音譯，茲分述於左：

用於全島者，除檳榔嶼外，尚有威爾斯太子島（Prince of Wales Island）一名，此名之起源，因賴德氏自吉打蘇丹處獲得此島後，於一七八六年八月十一日正式宣佈佔領，是日適為威爾斯太子誕辰之前夕，故以威爾斯太子島一名以紀念之。賴德氏於升旗典禮舉行時，曾對民衆作如下之諭告：

『余奉總督及孟加拉議院之訓令，今日佔據此島，名檳榔嶼，今稱威爾斯太子島，並奉喬治三世陛下之命，監視不列顛國旗豎立島上，以供不列顛東印度公司之用。一千七百八十六年八月十一日，即威爾斯太子生日之前夕，特立誓為證。』

昔時檳榔嶼政府與各方之來往公文中，均用威爾斯太子島一名，其最初出版之新聞紙，亦稱威爾斯太子島公報。惟此名今已廢去，仍以檳榔嶼一名代之。英文為 Penang Island。

關於檳榔嶼市鎮之名稱，有喬治鎮，檳城，丹戎，新埠等，茲分述之：

（一）喬治鎮（George Town） 此名乃檳榔嶼開埠時用以紀念當時英王喬治三世者，其意義與檳榔嶼之被稱為威爾斯太子島同。此名今仍為公牘所用，亦可見之於輿圖，惟民間都用檳城一名以代之。

（二）檳城 此蓋指檳榔嶼之市鎮而言，即英文之 Town of Penang 也。或謂檳城乃指關仔角之古堡，實似是而非，按關仔角之古堡，自昔稱康華麗斯堡(Fort Cornwallis)，乃賴德於開闢新殖民地後建成，用以駐兵，兼作辦公處所。其名紀念第一任總督康華麗斯，迄今輿圖典籍中仍沿用之。民間指為檳城，蓋附會耳。

（三）丹戎 此即馬來語 Tanjong 之對音，其義為海角，蓋即指喬治鎮而言。緣其地凸出海中，成一銳角，所謂關仔角，即在此銳角之頂點。馬來人多用此名，閩僑亦然。按廖島(Rhio)亦有丹戎檳榔(Tanjong Pinang)之稱，蓋巫人慣用地名，實漫無定見者也。

（四）新埠 此名見謝清高海錄，今吉隆坡(Kuala Lumpur)以北各地粵僑仍用之，海錄新埠條云：『新埠，海中島嶼也，一名布路檳榔(Pulau Penang)，又名檳榔士（嶼），英吉利於乾隆年間闢者，在沙喇我(Selangor)西北大海中，一山獨峙，周圍約百餘里，由紅毛淺順東南風約三日可到，西南風亦可行，土番甚稀，本巫來由種類，英吉利招集商賈，遂漸富庶。衣服飲食房屋俱極華麗，出入悉用馬車，有嘆咭利駐防番二三百。又有敍跛兵(Sepoy)千餘。閩導到此種胡椒者萬餘人。每歲釀酒販雅片及開賭場者，権稅銀十餘萬兩，然地無別產，恐難持久也。』按本條所示，新埠似指檳榔嶼全島而言，惟鄙意『埠』即英文之 Port，新埠一名，蓋言檳榔嶼新闢之市鎮無疑。同書稱新嘉坡曰舊柔佛，並云『閩粵人稱新州府』，舊柔佛蓋指未爲英人開闢以前之新嘉坡，原爲柔佛之土地，而新州府一名則與檳榔嶼之被稱爲新埠，如出一轍，吾僑移殖南來，遠在檳榔嶼與新嘉坡二州開闢以前，目覩英人開埠，稱之爲『新埠』與『新州府』也宜矣。

關於 Penang 一字之音譯亦有多種。Penang 一作 Pinang，源出古語之 Pinong，其讀音應作 Pee-nang，今常簡作 P'nang，蓋已英語化矣。

吾國譯名，係根據 Peenang 之讀音者，故作『庇能』，或作『吡𠳐』，後者加口旁，蓋清代舊籍，用以區別專名者，如前引海錄中之英吉利作暎咭唎，即一例也。又作碧瀾（見海國公餘輯錄卷一），則又使譯名愈益典雅矣。日本舊籍頗多將檳榔嶼作『彼南』者，蓋亦譯音耳。至於『東海之瓌寶』(Gem of the Eastern Sea) 與『東方之樂園』(The Eden of the East) 等名，大抵爲贊美之辭，不能謂爲檳榔嶼一地專用之名稱也。

二 歷史

在一七八六年以前，馬來半島從未為英國東印度公司諸董事所重視，彼等初與荷人無異，傾注其目光於香料貿易，故大都越過半島而東進，對於近在咫前之寶藏，反棄之如敝帚焉。公司在北大年（Patani）所設之土庫（factory）據稱為自一六一二年起至一六二三年安汶大屠殺（Massacre of Amboyna）事件（註二）發生為止之一時期中，公司在馬來半島之唯一根據地，當局對其地頗懷有厚望，擬使成為五大主要根據地之一，而為暹羅，交趾支那，日本，以及婆羅洲等地各土庫之總部，公司所以重視其地者，或由於商務得安全保障之故，據某董事之代表言「該地之統治者雖為一女流，而政府之設施，殊堪嘉許」云，至於半島中其他各地，則均被認為無足重輕，雖霹靂與半島西岸以外之峇錫蘭島（Junk Ceylon）（名之為烏戎沙冷 Ujong Salang 似更妥）均為著名之產錫區，而未能獲公司之青睞焉。迨安汶大屠殺事起，公司在北大年之土庫亦廢棄，以至一七八六年，迄無再在半島設立根據地之議，僅於一六六九年，在吉打設置一小規模之機關，亦終以無發展之希望，不數年後，即告結束。

然則其後公司諸董事何以又迴顧及於半島哉？其間實有數大理由在，蓋彼等此次之目的，已不止如十七世紀時之純為商務利益，而復顧念及於海軍作戰之計劃矣，按一七六三年前後，公司當局似已有意在東印度羣島（Eastern Archipelago）中得一良港，雖檳榔嶼之開闢，事已在二十五年之後，在此時期中，商業之策動力，對於其地之開闢，固亦極爲重要，但其主因，仍舊非爲謀海軍行動上之便利耳。

關於海軍之力促闢擧事，可於三大著作中見其梗概，其一爲一八零五年卜飛上將（Admiral Popham）（時爲上校）之報告，尚有二種則均爲倫敦東印度公司職員所著之備忘錄，以供其上司參考者，其著作時期約在一七九〇至一八一〇年間，其時檳榔嶼已經開闢，然該備忘錄對於此島在軍事上之重要性，闡述頗詳，足資參考。卜將軍之大著，則明示吾人謂在十七世紀時，印度之西海岸雖不再爲不列顛在印度勢力集中之所在，而船隻修葺之所，仍舍孟買莫屬，是故軍事重心雖已移轉至東海岸方面，所有海軍戰爭，當西南季候風盛吹之際，大抵在孟加拉灣進行，然而礙於環境，尚有賴於季候風爲轉移，蓋在帆船時代，風力實足以左右一切，航行不可不加以愼重考慮也。按西南季候風流通之時期，風自南來，故船隻得安泊孟加拉灣，乃至十月上澣，東北季候風始作，風向轉變，自北南吹，須待次年三月，始再轉爲西南氣候風開始時期；且在轉風季節，時有暴風雨發作，是以寄碇於東海岸之船隻，苟逾十月十二日，尚不離境，或在三月初以前，卽行駛回，則危險殊甚，若就海軍言，則在西南季候風時期，卽自三月至九月，艦隊可以安然泊於注輦海岸（Coromandel Coast）（卽東海岸），並可在海中從事修葺，雖以海浪衝蕩，艦中與岸上，消息不易溝通，有時甚至完全失却聯絡，但大體上可保無處，顧時屆十月，各艦卽被迫退避港中，以避通常在十月或十一月中發作之颶風，並從事於未完工之修葺工作。抑有進者，設有一戰艦在西南風季節，毀壞不堪，預料難於在寄泊孟加拉灣時修理完竣，則僅有駛赴孟買一法。第航程艱險，雖在氣候良好之季節，艦中設備妥善，亦不易安抵目的地也。是以有甚多航舶，擬詣孟買者，常中途轉航亞齊或馬六甲海峽，以待風力之低減。至於已受損毀者，更難有自東海岸駛達孟買之望。更有一困難之點，使情勢益爲複雜而不易解決者，則爲注輦海岸一帶，無一良好之寄碇地點，其唯一之港口馬德拉斯雖尙可應用，但亦險象環生，不足稱爲良港也。

吾人徵引下列一節文字，卽可知當時局勢之嚴重矣。

『吾人遞經驗所得，深感艦隊既不能自海岸駛抵孟買從事修葺，又不能在四月初以前駐泊原處，然則此三個月寶貴之光陰，等於虛擲。若有敵人，能在亭可馬里（Trincomalee）或亞齊等任何東方港口補充完畢，乘此時機（如法人在上次戰事時然），以與岸上陸軍會合，勢不堪當，意其爲禍之甚，或更不止於吾人經驗所示者也。』（見 Kye: Report on Penang）

閱前文，可知在十月十一日以後，大英帝國在印度最重要之根據地，其安全與否，完全操於敵人手掌之中。若孟加拉灣中發現敵艦之蹤跡，則局勢頓形危殆，所賴者僅爲岸上之陸軍，能將敵艦迫回而已。此中曲折，非吾人故張其辭，蓋有實例可舉者也。

回溯一七五八年，英法水師會戰之後，英艦隊駛回孟買修繕，於是年十月至一七五九年四月三十日爲止之一時期中，防務鬆弛，予法軍以襲擊之機會，其艦隊卽在孟加拉海灣中活動，同時由拉里氏（Lally）率陸軍圍攻馬德拉斯，凡六十六日，終以東印度公司之戰艦六艘於一七五九年之二月十六日及時蒞臨，其圍始解。一七六三年，公司董事諸公乃有在東方覓有良港之命。其後於一七八二年，東印度公司深感處境危殆，同時與法、荷及哈達亞利（Haider Ali）等作戰，是年薩夫朗（Suffren）與休士（Hughes）兩將軍所統率下之水師，共交鋒五次，各有重大之損失。公司當局，有鑒於法軍陣容強盛，有戰艦十四五艘之多，爰懇英軍司令率所部暫駐注輦海岸邊，以資保護。休士將軍納其議，乃以屢遭颶風之災，卒於十月十五日被迫離境，駛回孟買修葺，歸途阻於逆風，至六月間始能返駐孟加拉灣中。而薩夫朗之艦隊，則捨遠取近，不赴毛里士島（Mauritius）而去亞齊港上之法軍根據地，其返法艦，遠在英艦之前，故得掃蕩海面，稱雄數日，將公司在孟加拉海灣沿岸之商務，剝奪淨盡，而加爾各答亦幾被完全封鎖。翌年（卽一七八三年），雙方海軍又於「傲慢」與「勝利」聲中，掩旗息鼓，英艦隊仍回孟買，而法艦隊司令塞西氏（Sercy）則率部赴南緬之墨吉羣島（Mergui Archipelago）從事修繕。待季候風轉變，法巡洋艦立卽自亭馬里出動，英艦則自孟買歸來，航程遙遠，實有望塵莫及之感。

綜上所述，吾人可得一結論，卽公司必須在孟加拉海灣中建築一良好之軍港，該港尤以位於灣之西岸印度方面爲最佳，董事諸君旣感孟買距離過遠，爰於一七八五至一七八八年間，指派十八組織委員會，以考察休里河（Hughli River）之新港，卜飛氏亦爲委員之一，據該會報告，該港爲一最佳之船塢，但卜飛氏認爲委員會主席康華麗斯勳爵（Lord Cornwallis）不甚合意，彼本身亦深表異議，感覺其地極不衛生，不足以成爲海軍之根據地，後經數度測量，終不能在孟加拉灣之西岸覓得適宜之港口焉。

西岸旣不成功，乃不得不轉而求之於東岸，然檳榔嶼一時固猶未能入選也。公司所注意者爲法人之舊根據地，在亞齊亭可馬里安遠曼羣島（Andamans）或尼古巴羣島（Nicobar Islands）方面進行。至一八〇〇年，始發現上述各地，旣不易得，且不合用，前議始寢，從可知檳榔嶼之於一七八六年被佔領，雖不能謂無軍事意義，但政府固猶未斷定此島是否適宜於建築軍港之用也。吾人更宜注意者，則爲公司下令於東印度羣島方面覓一港口之事，雖早在一七六三年，但在一七八八年之前，仍猶豫不決，顯然未能確定放棄在孟加拉灣之另一面印度海岸築港之計劃耳。

就商業而論，公司早欲發展東印度羣島之貿易，然而發展明古連（Bencoolen）之計劃數處失敗，乃知其地距羣島之主要商業地帶過遠，不足以爲商業之中心，爰有在東印度羣島中部設廠之議，俾得成爲羣島中各商業機關之總部。

更有進者，公司在中國之商業，素被重視，但商船之赴中國貿易者，必需一中途寄碇之港口，查東航船隻通常所用最便捷之航線以赴廣東士庫者，爲經馬六甲海峽而上，雖尙有一線沿蘇門答臘西海岸而下，經巽達海峽（Straits of Sunda）而上。然路程究較遙遠，所苦者公司在加爾各答與廣東之地間，除僻處一旁之明古連外，鮮有其他足供駐泊之商港，是以商船苟不幸遭遇風浪而被損毀，須修葺補充時，不得不借覓荷屬各港，乃英荷二公司素稱競敵，縱在相安無事之秋，邦交亦未見良善。英國船長，往往可借用荷港被徵「極昂」之費用而誹怨不已。第此猶就平靜時而言，一旦戰事發生，則情況益劣，所有公司至中國之商業航線，幾全部為荷蘭帝國所包圍。而向所認為捷徑之馬六甲海峽，則完全被馬六甲要塞所控制，故在某一時期，華印間貿易將完全陷於停止。

按一七八七年一月二十三日，距檳榔嶼之被佔僅六閱月。印度代總督麥浮生（Mac Pherson）致書與賴德（Light）時，曾謂：「當前最重要者，厥為在威爾斯太子島（檳榔嶼之官用名稱）闢一港口，以供皇家船舶、公司船舶，以及其他本國所有之船舶接濟糧食，修理船具之用、至於闢商埠一節，則尚需時日，且賴閣下處理有方，始克告成也。」復自賴氏貢獻意見於麥氏，請自吉打蘇丹處取得檳榔嶼之一函觀之，其語調亦無異致。彼請麥氏注意「同時且可在任季候風季節，為皇家艦隊效勞也。」賴氏繼再詳陳檳榔嶼可以適合需求之種種理由，謂該地一、可闢一修葺船隻之良港；二、為羣島之中心；三、為一東印度羣島物產之市場，赴華商輪可在此配辦貨物，行銷廣東市場，必獲厚利云云。此函於一八〇〇年前數年由倫敦東印度公司之某官員引述於其備忘錄中，並加批語如下：

「當不論此事之後如何？縱或荷人因失去馬六甲與巽達二海峽要道之控制權而發戰爭，吾人當亦無所畏懼，汝應用種種難於言宣之方法，以鼓勵並保護土民反抗任何侵略奴役行動，並宜設法使彼等與吾國通商，甚至為汝之政府而起公開鬬爭，亦所不惜。」

初，東印度公司擬在巽達海峽中覓得一海港，但至一七六六年，以無適當地點作罷。復轉移其目光於巽達海峽旁，尋覓至一七七〇年又感絕望，政府不得已求之於馬六甲海峽，明古連方面之官員對此計劃議論頻施，謂該峽與公司在蘇島西岸之根據地，距離過遠，實屬多此一舉。但公司董事諸公卒於一七七一年訓令馬德拉斯政府，獨派遣使節至亞齊朝廷，請蘇丹准在其地設廠。馬德拉斯議會於接得訓令後，未即遵行，擬先聽取佐丹，蘇利文及竇蘇若(Jourdan, Sulivan and De Souza)三人所設公司之報告。此三人者並為馬德拉斯之商人，向在亞齊及馬六甲海峽方面經商者，彼等徇政府之請，曾上數函，並備有青年退任軍官賴德氏策劃書一件，以賴氏時適任該公司吉打分行之代理人也。馬德拉斯政府讀竟各函，大為感動，認為設士庫於吉打，較亞齊尤為妥善，蓋「可達到供給中國市場所需貨物之目的」。

佛蘭昔斯賴德者，原為海軍少尉，當時良家子弟，多不願意隨軍服務。此風一時披靡，賴氏亦為風尚所移，辭去職務，赴印度搜覓寶藏。後任某商船之船長（按該船屬於印度），而航行於東印度諸海經營商務），得數航至馬來亞，當其致書於馬德拉斯政府之一七七二年，年僅三十有二，平素尚以幹練聞，且能熟諳馬來語言與馬來各國之情況，不謂一鳴驚人，其建議竟能激勵馬德拉斯議會諸公之心，亦云足智多謀矣。自彼函中語氣以及其後各種行動觀之，此君對於荷人厭惡之心理，洞然可見。其言論與動作，常根據抑彼揚吾之原理進行，其事績蓋與萊佛士氏如出一轍者也。賴氏憑其忠實與機敏，深爲馬來人民所器重與愛戴，故於其地頗有相當之勢力。

賴氏激勵政府注意之吉打，乃馬來半島西海岸極北之一國，其邊境與暹羅接壤，距緬甸亦不遠。職是之故，此國常周旋於二大國之間，奉表稱臣。暹強則事暹，緬強則事緬，初無定見，顧此時情形，又已不同。緣暹羅自一七六〇年以後，即受緬甸之壓迫，正欲勵志圖強，用報世仇，並欲克交趾支那，當不能再顧及此無足輕重之小邦。而緬甸亦方忙於應付暹羅，不遑屬目及於馬來亞。是故此時之吉打，確爲一不受牽制之獨立國也。

雖然，外患平而內亂作。一七七一年，吉打國內，實有叛變發生。叛軍得雪蘭莪蘇丹之助，播蕩全國，吉打蘇丹無力戡復，不得不求之於賴德，謂其主人如能賜以助力，驅逐強敵，則願割吉打之港口與要塞以酬之。賴氏乃修數函，力促接收此議，適馬德拉斯政府來函懇請該公司作一詳細之報告。賴氏之函乃被轉遞政府，而使政府轉其目光於吉打，不專向亞齊方面進行矣。賴氏函中，稱吉打爲一商務要區，有良港足供修葺赴華船隻。並謂公司如不捷足先登，恐將落於荷人之手。苟不幸而言中，則英國商船將被阻通航於馬六甲海峽中，蓋馬六甲要塞已爲荷人所有。今再如虎添翼，「海峽全部必在其控制之下也」。函詞誠摯迫切，似爲賴氏憑其一己之意志而筆出者，非爲其主人代勞而敷衍塞責也。然在賴氏心中，固亦知政府已注意及於東方，行將在海峽以內或其附近建立一新根據地也。

所異者，吉檳蘇丹貢獻之區域，乃在大陸。而賴氏所屬意者，則爲彼於十五年後闢爲英國殖民地之檳榔嶼。一七七一年十一月二十五日，彼曾致其主人一函，詳陳該島之優點，謂島中有一良港，並富修理赴華船隻之材料，復因地位優勝，將來必能成爲商業中心，供給胡椒錫藤等物產。該函結語，更謂此島如爲東印度公司獲得，當更適用云。

函牘頻傳後，馬德拉斯政府乃遣代表團赴吉打與蘇丹議訂各條約，以蒙克頓氏(Edward Monckton)爲首席代表。初，蘇丹曾致書議會(指馬德拉斯)有所貢獻，經被拒絕接納，始向賴德氏乞援，今政府復遣使前來，其事實非始料所能及者也。同時，另一代表團奉派至亞齊，亦爲商議闢設殖民地事。

孰料兩代表團一事無成，堪稱完全失敗，亞齊方面固不足奇，蓋拒絕歐人在境內建築要塞，爲亞齊蘇丹之一貫政策，計在此十年以內，公司曾三度遣使前往，均未成功。第一次在一七六二年，第二次在一七六[illegible]年，此回蓋已列爲第三次矣。至若吉打訂約之失敗，則又當別論。其唯一原因，爲公司堅決拒絕參加馬來人內部之紛爭。迨蒙氏抵達其地，始知蘇丹初衷，乃在獲得援助，以抗彊鄰。但馬德拉斯政府，則以爲不費吹灰之力，可以垂手而得領土也。以故雙方之意見，根本難於融洽。蒙氏經數月無謂之商議後，即行離境。

其後十二年間，似未再聞有開闢新殖民地之策劃。此一時期，實爲公司事業史中極危急之階段。華倫哈斯丁氏（Warren Hastings）忙於組織印度政府，防衛英國屬土，對此無關大局之馬來亞問題，自難顧到。賴鐸氏則依舊經營其商務，以烏戎沙冷（卽琴錫蘭）爲總行所在地。然對於其早年事業之目的，仍夢寐繫之。常思以英國之旗幟，飄揚於馬來亞，故雖不得志於一時，仍未稍懈雄心，嘗暗中結交馬來王公大臣，以博其信任與好感，作爲將來飛黃之準備工作焉。一七八〇年賴氏以商務關係，航抵加爾各答，謁見華倫哈斯丁氏，確證荷人有排斥英人在馬來亞經商之野心，並力促佔領烏戎沙冷島。該島位於吉打之北，面積廣大，物產富饒，且多錫鑛，而有良港，足以發展成爲巨市。賴氏並奉烏戎沙冷長官之命，以獻其地與公司。哈斯丁氏大爲所動，惜仍未能予以物資或人力上之贊助，於是開闢新殖民地之計劃，又擱置一旁，未有成功。

迨一七八四年，死灰復燃。哈斯丁氏又有在東方開拓殖民地之計劃，再遣代表團至亞齊，以金洛克氏（Kinlock）爲首領。另由福勒斯上尉(Captain Forrest)組代表團赴馬六甲海峽中之廖島。其使命爲在島上建立殖民地，不謂二處俱告失敗。福勒斯企圖獲得之根據地，已爲荷人捷足先登，而金洛克則經與蘇丹激戰十五閱月後，依然空手而返。

賴鐸氏對於兩處失敗情形，洞悉於胸，因恐於荷人未併檳榔嶼以前，先行奪取，俾得持爲「抗禦荷人侵略之屏障」。賴氏對於吉打新蘇丹，固極有交誼者，新蘇丹之父蓋卽一七七二年與蒙克頓氏談判條約者也。適其時吉打情勢頗爲危殆。國中有甚多掌握大權之王公，對新蘇丹頗不擁戴，其他馬來國家，亦虎視眈眈，而強隣暹羅之壓境，尤爲最迫切之困難。暹羅自一七六〇年將緬甸逐出之後，國勢漸強，至此不特已恢復元氣，其強盛且爲史所未見。賴氏利用此機會，卽向吉打蘇丹處獲得檳榔嶼之租借權，獻呈公司作爲開闢殖民地之基礎。事後立卽航赴加爾各答，力勸政府接納其議，卽設防於該島及烏戎沙冷二地。時印度代督爲麥浮生氏，深贊賴氏之志，當卽轉達公司請設土庫於檳榔嶼，並委賴氏爲督辦。至於烏戎沙冷，麥氏不欲佔領，因「須費較多人力，或未便調動；」且以檳榔嶼距馬六甲海峽較近，位置較爲優勝也。

抑尤有進者，公司所以不佔領亞齊或其他處所而獨屬意於檳榔嶼者，半以環境之力量使然，半則出於賴氏之遊說。事實上公司欲在馬六甲海峽之附近，獲一口岸，其選擇之目標，實屬寥寥無幾，誠如賴氏於一七八六年二月五日致總督函中所稱：

『荷人今已握有馬六甲海峽之全部，自羅馬尼亞角（Point of Romania 在新嘉坡附近）以至吉令安河（River Krian 在霹靂北邊境）……此係就馬來亞方面而言。彼等有砲台土庫，且自民丹島（Bintang）或寥島以至蘇島海岸之鑽石角（Diamond Point）。管轄權盡在其掌中，故吾欲選取者，除卻錫蘭，亞齊或吉打等小國外，恐已無立足之餘地矣。』

然亞齊設防一事，始終未能成功。故賴氏曾明白表示謂『如欲在其地建立一安全而便利之殖民地，則非有強有力之防軍，以克制各酋長不爲功。』其言信非虛語，蓋在一八一九年萊佛士條約成立以後，公司復企圖在該地開拓而卒致重蹈覆轍也。

關於政府佔領檳榔嶼之軍事與商業方面之動機，可於一七八七年一月二十二日麥浮生致賴爾之公文中見之。麥氏以爲檳榔嶼之建立，「最重要者，厥爲闢一港口，以供皇家艦船，公司艦船以及其他本國所有之船舶接濟糧食，修理船具之用。至於開闢商埠一節，則尚需時日，且須閣下處理有方，始克告成也。」論及吸引商人來檳，則曰：「願閣下對於一切商貨入口，或由船隻運至威爾斯太子島者，勿徵任何稅項，蓋開闢一各國自由貿易之商埠，固吾人所深願者也。」惟函中有一疑問，謂需要若干時日，「始能對於吾人之建議得一結論……俾得決定是否將繼續經營，抑當撒手不幹。」由此觀之，則此新殖民地之建立，蓋亦不過試探性質耳。

殖民地建立之日，即一七八六年八月十一日。遠征軍中之華爾(Wall)與李溫(Lewin)兩艦長曾將檳榔嶼港口之形勢，繕呈報告。該報告中，對於其地適合於商務之發展一節，未加闡述，獨預申該島爲戰艦與赴華船隻寄泊之良港，尤注意其地位之安全。謂「四圍有天然之屏障，終年海波不興，船隻下碇港中，堪保安全無虞，且便於擴找修葺……糧食亦甚豐足，」「故余等認爲其地對於駛經馬六甲海峽之英國船隻，殊爲有利。」尚有一點，對檳榔嶼之開闢作強有力之讚揚者。則爲其地距卡魯滿德海岸（檳榔嶼即注意）不過一星期之航程。卜飛上將更稱戰艦在孟加拉海灣平時作戰之處，縱受毀傷，當亦能勉力於十日之內，駛達港中云。

至於公司董事諸公同意於檳榔嶼建立殖民地之計劃者，其主要目的，反在發展商務。最低限度，「亦須將商業擴展至東印度羣島，再由羣島間接而達中國。」他如阻止荷人全部控制馬六甲與巽達二海峽，藉以擊破其「香料專利權」，當亦為公司所希望收獲之效果。故彼等雖力圖避免對荷作戰，但同時認為必須「陰助馬來各邦」，以抗拒荷人之奴服政策。

一七八六年八月十一日，賴德氏正式佔領檳榔嶼，名之為威爾斯太子島，藉向太子致敬。（按：八月十一日，為威爾斯太子生日之前夕）雖然，威爾斯太子島一名雖沿用於各種公文之中，但檳榔嶼原名，因仍熟在人口，以故本文中除徵引公文札牘時，有時不得不照原文摘錄外，其餘仍用原名，蓋從俗耳。所謂（檳榔嶼）港口者，由海峽所形成。寬二哩至五哩不等。將該島與半島之大陸分離，故事實上須待一八〇〇年。東印度公司向吉打蘇丹處得對海大陸上威斯來區之一狹條土地時，英人始能控制海港之兩面也。

新殖民地建設之初，辦事諸多棘手，幸有多才之賴德，任首任督辦，始能安排一切，故當賴氏卒後六年，李斯爵士(Sir George Leith)就任斯士行政長官時，曾致其無上敬意，時賴氏之友輩同僚，往昔曾與氏共同工作者固猶安居島上，從而知李爵士雖與其前任者未有若何私誼，其言當無虛飾，彼謂「賴德著資望甚隆，熟諳馬來民族之言語法律與風俗，足以應付其任務而有餘。彼以經營商業關係，常旅居鄰邦，對於各邦之領袖人物，均所友好，且極為彼輩所推崇；其時且能左右吉打王之一切，此其所以能有偉大之成就也。」

賴德氏與其後輩史丹福萊佛士爵士之見解，頗多類似之處，雖萊爵士之成功，似較賴氏更勝一籌，但二人對於英人權力，維護無微不至。痛恨荷人之苛刻，而於行政上則恩威並施，謀深慮遠而堅毅勇爲，則又如出一轍者也。且彼二人均能熟諳馬來人之文物風尚，故能指揮如意，更以彼等能用公正而同情之態度，對付土著，故雖處事果斷堅決，而結果仍能獲得大衆之尊敬愛戴也。世人每以賴德之令名，易爲萊佛士開闢新加坡之偉大事蹟所蓋罩；實則史丹福爵士苟未有英人在東印度羣島邊境上固有勢力以爲背景，則其欲將英國之旗幟樹立於羣島之核心，當亦不可能者也。檳榔嶼誠因僻處東印度羣島之西邊，故其地位不及亦永不可能如新加坡之重要。然而徵賴德之捷足先登，伏此一着，英屬馬來亞恐無存在之希望也。是以賴德氏最恰切之墓誌銘，當爲大詩人吉伯苓（Kipling）之佳句：

『寄語建業者，

吾亦知其來。』

"After me cometh the builder,

tell him I too have known.

當賴德氏率水師抵檳時，其地滿目荒涼，除有少數華人外，人跡罕至。彼乃立即着手工作，闢林莽，斬雜草，準備一市鎮與要塞之磐基，其辛勞勤苦，俱見於其致各方之函牘中。不數月後，此蕞爾小區，竟見蓬勃之象。惟防軍過弱，僅有未經訓練之新募水兵百名，礮兵十五，東印度水夫三十，實難得安全之保障。賴氏「晝夜不寧，恐啓禍釁，」蓋在其所屬部隊與自對岸而來之馬來流氓間，雖係無爭執之事發生也。

荷人雖百計破壞，而各方移民仍如水之就穴。一七八七年二月一日，賴氏曾致其知友安德羅斯（Andrew Ross）一函云：

『設荷人不嚴厲監視馬來人之行動，則彼等大部份必將被政府（荷蘭）所制止，並頒佈荷例，凡無護照者不得前去檳榔嶼……彼等對付此間之冷嘲熱罵，以及阻止人民之移殖來此，徒足以自暴其行為之鄙劣耳。』

檳榔嶼自開闢之一七八六年起，至一八六七年為止，（按：一八六七年海峽殖民地轉歸英國直轄），其歷史可分為四個時期，第一時期自一七八六年起至一八零五年止，檳榔嶼為孟加拉政府之屬地，且在一七九九年以前，殖民地之確立與否，猶屬試驗性質，曾有若干危險時期，此地有被廢棄之可能。迨一七九九年至一八零五年六月間，乃顯露光芒，為各方所重視，且有甚多浮飾而虛張之希冀由是而產生。一八零五年，檳榔嶼被劃為第四印度省區，並發表大批官員，是為此一時期中檳榔嶼地位之最高峯。自一八零五年以至一八二六年一時期，堪稱為幻象消滅之時期，所有熱烈之希望，均消逝於無形。公司諸董事因殖民地之費用浩繁，無利可獲，又漸生厭惡之念，與明古連有同感。自一八一九年新加坡開闢以後，檳榔嶼之商業，因有新商埠競爭關係，一落千丈，其得之關稅之收入，亦大為減少，於是公司當局對之益生惡感，第三時期以一八二六年為起點。是年馬六甲與新加坡均由孟加拉轉歸檳榔嶼管轄，後此四年中，此東方省區，仍得延存之機會，終以馬檳二地費用浩繁，入不敷出，而該諸董事難再緘默。爰於一八三零年將省區制度取消，裁減官員，撙節行政開支，而將海峽殖民地降為駐劄官區，其時檳榔嶼仍為三區之行政中心，乃以新加坡之商業日趨繁榮，不久即成為主要商埠，而於一八三二年陞升為殖民地之首治，使檳榔嶼之地位無形下降。至於第四時期自一八三零年至一八六七年止。檳榔嶼與馬六甲之地位竟一再下降，較之新加坡之指日高昇，益有相形見絀之感。其歷史幾至為海峽殖民地史所包消，無單獨存在之價值矣。

第一時期一七八六年至一八零五年之檳榔嶼史復可分為四大節。

(一)關於檳榔嶼是否合於建設軍港問題，經研究結果其地確為一極優良之地點。

(二)由於檳榔嶼之割讓條約問題而致引起冗長而嚴厲之爭執，即公司是否應助吉打蘇丹抵抗其暴虐之上國暹羅。

(三)由於居民與貿易額之突飛猛晉，而致引起虛浮之幻想，認為其地將有控制東印度羣島大部份商業之權威。

(四)由於好亂多事之土著與歐籍人民間之法律與秩序難以維持而致引起極嚴重之問題，因其時島上未有正式法庭之設置，至一八零七年，主簿法庭(the Recorder's Court)成立，是項問題始告解決。

尚有其他關於行政方面之種種問題，以及海盜之騷擾，胡椒，荳蔻，丁香等之試種，以使大不列顛不受荷屬香料羣島之支配等節，當另文述之。

按檳榔嶼之開闢，其目的乃在建立一海軍根據地，初無疑義，惟總督府對於其地是否適用，常表懷疑，故於一七九六年以前，始終放棄其選擇安達曼羣島之望。更以檳榔嶼之些微收入，常不敷浩繁之開支，徒使政府徬徨歧途。究竟是否應忍痛犧牲，對此價值尚未確定之領土，有維持之必要，仍在模稜兩可之間。故曰，此新殖民地之建設，猶屬試驗性質也。當局在檳榔嶼開闢後約八年間，對於海軍根據地之應否移轉至安達曼羣島或其他處所一問題，常引起激烈之爭辯，海峽殖民地之初期案卷中，滿藏與此問題有關之函件，足以顯示檳榔嶼之不被厭棄，實為大僥倖事也。

賴德氏對於政府之疑慮，常報以熱烈之辯護。但適以其熱誠過度，而致紛爭，所預料者，往往不能獲得圓滿之結果，舉例言之，彼認為檳榔嶼乃一良港，足供戰艦及赴華商船寄泊之用，其言誠極可錄；顧彼復謂，此地一經開闢，可以吸引羣島中大部份商業，憑稅項所入，可與開支相抵，且島中可種植農產，不特足以自給，且可供外來船隻接濟之用，則其估計，似屬錯誤，政府對於賴氏之辯論未敢深信，故曾數遣調查團前往，以判斷檳榔嶼與安達曼羣島之間，究以何者位置優勝，適合於海軍根據地之用，結果所有報告，均於檳榔嶼有利，且彼等之估計，均與賴德氏有相同之錯誤。政府見佳評紛至，乃深信不疑，復以一七八九年在安達曼羣島所設之根據地，因不合衞生，而於一七九六年被廢，檳榔之地位，乃臻穩固。

一七九七年，檳榔嶼在軍事上之價值，已無疑問，馬尼刺之役，英軍及艦隊均集中於此。統率海軍之賴尼歐上將（Admiral Ranier）曾力予讚揚，謂其地設備優良，足供船隻修繕而有餘。威靈頓公爵（Duke of Wellington），時方任威斯利上校（Colonel Wellesley），一七九七年，亦在其地，所得印象極佳，因向印度政府，繕呈報告一通，是年其兄適就任總督之職，閱讀威靈頓之報告後，自易感動，故於一八零零年前後，即公司當局，亦已深知檳榔嶼之軍事價值矣。尤以馬尼刺之役，益證此島之佔領，對於印度軍隊之力量，益加不少，且由於其後數次海戰，顯示檳榔嶼爲控制馬六甲海峽之唯一要衝，間接亦爲對華商業路線之主宰者，公司當局對於其偉大之價值，乃漸與信仰之念，而認爲天賦予東印度羣島中英國勢力之中心焉。關於此點之最大佐證，當爲一七九五年英軍佔領馬六甲後公司之動向，初，諸董事對於馬六甲之軍事價值，僉以爲較檳榔嶼有過而無不及，乃至十八世紀之最後數年間，檳榔嶼鋒芒漸露，而公司亦竭其全力，以破壞此舊殖民地而將商業繁榮移至檳榔嶼，雖董事諸公之心目中，或亦感覺馬六甲必有重歸荷蘭之一日，故力圖利用時機，俾不致悔恨於後，然而彼等已認清檳榔嶼之價值，當無疑義耳。

公司對於檳榔嶼態度之轉變，可於一八零零年以後政府公文中之頌揚語氣，以及一八零三年至一八零五年三年間出版之三種書籍之字裏行間見之。此三書中，有二種爲檳榔嶼官員之著作，著者爲麥連斯德上校（Captain Mac Alister）與布政使李斯（Lieutenant Governor Leith）。

倘有一種，則爲本文前節經已徵引之卜飛艦長之大著。三書中均述及檳榔嶼已迅速發展，成爲東印度羣島商業之絕好中心，同時亦不愧爲理想的海軍根據地。其地既多良林，復富淡水糧食，且氣候適宜，海港寬暢，無論何時均足以妥保船隻之安全。更有進者，則爲檳榔嶼距卡魯滿德海岸近在咫尺之間，縱季候風轉變，甚至海道險阻，亦無礙於航程。公司當局與海軍部對於此種論調，深信不疑，故在一八零五年檳榔嶼之被選爲省區之一，意者當局希望其地成爲一重要海軍根據地，亦爲主要原因之一也。

檳榔嶼初期史中之第二主題，乃因吉打蘇丹簽訂之割讓條約而致引起之爭論，卽公司是否在道義上應助蘇丹抵抗外敵，尤以暹羅爲甚。迨一八二一年，暹羅克吉打而放蘇丹，公司竟拒絕予以援助，其事乃超出於學理研討之範圍以外，於是海峽殖民地方面，頓起激烈之爭辯，以迄一八四五年前後始止。據蘇丹稱公司自食前言，此說爲海峽方面大多數非官吏歐人所同情，且有重要官員數人，亦力持其說，其最著也，有馬來問題專家安德生氏(John Anderson)，八二六年至一八三零年海峽殖民地布政使富勒頓氏(Robert Fullerton)，尤以史丹福萊佛士爵士之言論爲最有力量。

就另一方面言，則海峽殖民地官方之一般意見，則認爲昔時公司從未予蘇丹以任何援助之諾言。克勞福氏(John Crawfurd)贊同此說，按克氏爲萊佛士氏卒後英人研究馬來語之唯一權威，其言論自能左右一切，倘有於一八二六年議訂英暹條約之具納上校(Colonel Burney)以及一八二零年至一八四〇年間任職檳榔嶼政府而對於吉打與暹羅之政治研究有素之劉少校(Major Low)，亦爲該派之中堅份子。

近年間對於判斷此一問題最有權威之作家爲瑞天咸爵士(Sir Frank Swettenham)，彼曾有精審之研究，而完全支持麥[illegible]氏之意見，[illegible]謂公司在接受檳榔嶼之時，理應明瞭此項割讓應完全根據於蘇丹可獲得抵禦緬甸與暹羅之助力而以爲交換條件者，今董事諸公雖不爲割讓檳榔嶼之正式條約所束縛，但擁有該島一日，即應履行其已經默許之義務一日，蓋可不言而喻者也。是故公司欲繼續佔有檳榔嶼則理當履行其道德上之義務，否則應自該島撤退，瑞天咸爵士評公司之行爲「畏怯……結果失却信用，使不列顛之名譽掃地，自損其對於馬來人之威權有年。」

瑞氏討論此項問題，至詳且盡。本文所引述者，不過概括其大意而已，且問題之主要點早已於一八二四年以前解決，而爭辯則於是年方告開始。在擁護公司方面之意見，認爲吉打自古即爲曼谷(Bangkok)(暹羅京都)之藩屬，故無權憑蘇丹之主張將檳榔嶼割歸英國。亦無權不服從暹羅之命令，從而知一八二一年吉打遭滅亡之禍，實爲其頑梗抗命不從「君主」之適當懲戒。至於吉打向爲暹羅屬國之鐵證，則爲進貢金銀樹及強迫徵夫役繳呈金錢二事。

按金銀樹以金銀花葉爲飾，價值約一千鎊，每三年例須恭送曼谷一次。其意義頗多紛歧之解釋，據暹羅與英國辯護人之意見，始終堅持「任何國王進呈此物，即等於表示臣服，」而馬來各蘇丹則力闢此說，而謂「此僅係敦睦邦交之道」，安德生氏亦謂為「不過交換禮節而已」，而一般所謂親暹派者，則又有不同之見解，認為金銀樹不特為顯示親善祝頌之禮品，且為「自認藩屬之信物，凡印度支那各國均然。」

事實上吾人應持中庸之道，金銀樹有時確為表示臣服之物；但贊同馬來各蘇丹之意見者亦大有人在，矧吾人以為金銀樹之進獻，其動機有時且超越乎臣服之意義以外哉！舉一例言，則暹羅雖早已與中國脫離關係，但至一八二零年時，金銀樹猶照例每三年進北京一次，其目的在乎拋磚引玉，獲得中土之賞賜，且因使臣為皇家之商人，所攜貨物，例不納稅，故尚可獲得甚多商業上之利益焉（註二）。是以吾人所能得之確定結論，為金銀樹之意見應隨各種特殊情形而有別，就一般而論，獻呈者必有自認為下國之意，姑不論其為真正抑為假意也。就上述之暹羅與中國一例觀之，則暹羅巧言令色，滿紙諛辭，然而無損其實力，反可得物質上之利益，又何樂而不為耶？

至若吉打事件，安德生氏固認為與前例相同，實則似有出入，未能一概而論也。觀乎暹羅之嚴逼苛索，時令調遣夫役，催獻金錢物產，即可知其梗概。吉打蘇丹每逢暹羅要求，無不唯命是從，被迫竭盡全力以應付之。被痛斥此種暴虐無道之行為，實與古禮違背，安德生與萊佛士二氏，均善其言。但親暹派則堅持謂金銀樹之進獻，足以表示有納貢之義務，無論何時，「應視上國之需要，意氣，與威權而謹遵不違，」事實上此兩說又均難免偏頗。

金銀樹既不如克勞福與貝納二氏所言，附帶有服從命令之法理義務。但就另一方面言，若接受者勢力強盛，足以使進獻者唯命是聽；則謂為附帶有上項義務，亦無不可，所宜判別清楚者，仍為金銀樹是否僅為形式上之禮品，抑係屬國之信物而已，其事蓋與往昔羅馬帝國之大地主(Tenants-in-chief)應向德皇宣誓臣服如出一轍者也。德皇是否能鎮壓此輩地主，暨視其有無權力以為斷，否則宣誓亦不過為一種形式而已。至就吉打之被迫納貢一例觀之，則似多少含有暹羅屬國之意味在內也。

尚有一事宜予解決者，為暹羅統治權之性質與範圍。吉打是否為暹羅之一省區，其歷代蘇丹是否均為曼谷所指派之省長，如暹羅人所稱然？抑金銀樹與其他貢品之進獻，乃勒索性質，而為弱國恐遭滅亡之禍用以獻媚強國者？關於此點，親暹與反暹兩派又有強烈之爭辯。意見完全不同，實則雙方各懷成見，往往着重於與己有利之點而忽略其他。彼等為毛遂自荐之律師，面紅耳赤為其當事辯論，均不足為大公無私之法官也。且爾時之寫作者，大都將暹羅與吉打之關係，與歐洲強國與其屬國之關係，混為一談。除萊佛士精審明辨，紐波爾(Newbold)亦略有見地外，旁人之論調均為根本錯誤，應知歐洲方面之國際公法，在此處斷乎不能適用者也。

紐波爾氏將當時之情勢作一簡括之結論，曰：「白象尊者（指暹羅）所能得之權利，無非為現時之權勢與往昔之侵略所賦予者而已，其他不足論已，」蓋以暹羅而與若輩弱小而四分五裂之馬來鄰邦相較，則其強大而團結一致，自在意料之中，若就個人而論，則暹羅人之作賊能力遠不及馬來人爲強，亦屬顯然。徒以衆寡懸殊，國勢乃判若天淵矣。按暹羅與緬甸上溯至薩爾恭（Sargon）與托斯美大帝（Thothmes）時代，已爲好戰掠刧之國家，一如大部份亞洲國家然。而此二國乃有世仇者，以故常相爭鬬，非此克彼，卽彼克此，且各懷異志，擬克馬來半島各國，一旦得勢，將強鄰鎭服，卽轉鋒及於馬來鄰國。被侵者若不呈獻金銀樹並納貢臣服，則國土難保，生靈塗炭，所謂暹緬之踏境，原屬一場搶刧而已。若馬六甲等強大之帝國，抵禦外侮，當非難事，然以吉打之國勢淩遲，無險可扼，實不足以言抵抗，常屈居於二強之下，直至其上國勢衰不能行使其主權時爲止。按亞洲各專制國家，其勢盛衰靡常，暹緬二國亦然，況東方國家之衰落，亦卽藩屬脫羈之良機，就最近之事例言，則西藏於五十年來，已漸離中國之懷抱，已可見其一斑。是以吉打每在其上國勢衰之際，必能獲得短時期之蘇息機會，然後再臣服於另一強國之下，而局勢亦隨之根本改變。換言之，卽吉打有時送金銀樹至暹羅，有時則送緬甸，亦有時二國兼送，惟就大體言，暹羅因與吉打毗鄰，且國勢較強，故常爲其主宰者。吉打以一小邦危處於好刧善掠之二大強國間，其能倖免滅亡者幾希！

萊佛士氏對於當時之局勢，有極明斷而無偏袒之解釋，可於其所發之二件公文中見之。關於暹羅不以歷史爲根據所稱其國曾數度掃蕩馬來半島之論調，萊氏嘗謂：

『彼等反復申論此事，蓋欲解釋其有征服之權利耳……無論何時，彼等自以爲極端強盛而其鄰國則極端衰弱。』

當萊佛士氏於一八二三年離星時，曾致克勞福訓令一件，其中對於上述一節，有更詳盡之研究，謂：

『余以為吾人向所採之政策——同情並贊成暹羅人之主張——乃基於錯誤之原理者，……此等民族間之禮儀，習慣，宗教，與一般習慣等全不相同，故所謂上邦下國之間，全無保護與依附性質仍在，僅為強者恣其暴慾，弱者被迫投降之一套把戲耳。吾人經四十年之經驗，目睹暹羅對待馬來諸邦之凶燄萬丈，迨其國內鼎革，乃予彼邦等以機會，與外人結好，在歐洲各國方面以與本國最為親善，自是以往，頗得昇平之策。但當暹國內亂平定，又圖施行其暴力於國外時，馬來各邦又陷入威脅，非被恫嚇，即遭劫掠，最近吉打被侵（在一八二一年），可為明證，……彼獨立之馬來國家推舉為此事最適當之評判員，按彼等之意見，吾人應瞭解，所謂馬來各邦與暹羅間之關係，不過為一種強迫之聯合。……余為謀求促君注意者，厥為設法助彼等（馬來各邦）脫離暹羅之羈絆，一旦遇有機會，可望達到吾人之目的時，並希立即向總督府報告之。』

當公司佔領檳榔嶼之時，吉打確處於獨立之地位。暹羅自一七六零年前後，即為緬甸所征服。至一七八六年時，雖已驅敵於國門之外，但戰爭延至一七九九年始止。在此時期中，暹羅常傾其全力於退敵之方，實未遑伸其魔掌及於馬來半島各國也。迨緬甸之戰既平，暹羅國勢乃又逐漸恢復，嗣後其強盛竟為史所未見，於是野心復萌，思再迫馬來諸邦放棄獨立觀念而再恢服於其淫威之下，然此絕不能謂爲古時合法權利之重歸掌握，不過顯示：

『此種良好之古法，簡單之策略，

有權力時可採用，

能保持時當保持』而已。

總之，吉打爲暹羅之屬國，就特殊情形言，固不能謂爲無理，但瑞天咸爵士則明證公司對付吉打之行爲，始終應受嚴厲之譴責，蓋在一七八六年，公司與吉打議訂割讓檳榔嶼之條約時，當承認吉打爲一獨立國家無疑，雖其後能明瞭該邦與暹羅間之關係，倘爾猝斷絲連，然而木已成舟，當無反悔之餘地，且印度政府明知吉打需要公司之援助以防暹羅之一旦略境，爲蘇丹所以割讓檳榔嶼之唯一原因，於將攻守同盟一節呈請董部辦理。而就蘇丹提出之其他各點，先行成立協定，復由印度代督致書蘇丹，其語氣之中，大有請蘇丹不必疑慮，保證最後必能達到聯盟之意。不謂至一七八七年，印度政府決定不與吉打訂立防守盟約。一七九三年，公司董部亦發出相同之命令，雖賴特氏曾屢次請政府應履行往昔之諾言，然忠言逆耳，始終未邀上峯諒解而變更其政策。賴氏乃處於進退維谷之境，一方面蘇丹屢次壓迫，促訂盟約，拒絕以金錢償付之議。賴氏爲與蘇丹保持友誼起見，不得不敷衍延宕，同時發出無數公文，促請政府速訂盟約，均無成效。蘇丹由焦慮懷疑而生仇恨，卒於一七九一年作大膽之嘗試，擬逐英人於檳榔嶼之外，不幸軍事計劃失敗，蘇丹不得已與公司簽訂正式條約，放棄其盼望已久之保護條件，而以每年償付款項爲保護檳榔嶼之交換條件。據瑞爵士之意見，則謂印度政府於一七八七年決定不予吉打以援助時，其霸佔檳榔嶼不還，實爲失信，雖此舉未有明文規定，但涵義至明且顯也。按諸法理言，防守同盟如被拒絕接受，則英人須在該區域內撤退，理所當然，蓋吉打之割讓此區，無非希望藉得保護而已。

瑞氏譏諷公司之行爲，有如下節：

「賴特君係在場人物，當能審知其詳，蓋在加爾各答方面之人，對此整個事件，固猶認爲瑣碎不足道也。……檳榔嶼既被佔領，七年以後，其價值已昭然若揭，防務亦不困難，祇須留駐警備軍一小隊，以防馬來人之作亂，即可安全無虞。……不包含攻守同盟之條約經已簽訂，一七八五年與一七八六年所發出之諾言，早已忘懷；縱吉打之鄰北仇國一旦因戰爭終了而轉鋒南向時，可任蘇丹自行處理，固與公司無涉也。」

關於檳榔嶼與吉打間之關係，其第二主要事件爲一八零零年檳榔嶼對海吉打大陸上威斯來區之割讓，亦爲獲得斯土之主要目的，乃在完全控制檳榔嶼海港之兩岸，蓋所謂檳榔嶼之海港，實爲分隔該島與馬來半島之一泓狹水，其事蓋與英國既得香港後必須再向中國租借九龍，藉以控制該港之兩岸，頗相類似者也。另有一希望，則爲檳榔嶼之糧食，或可不賴吉打供給，先是島中所產，常不足供居民之消費，故一旦如吉打方面之來源斷絕，居民難保無絕糧之虞。今威斯來區劃入版圖以後，即可廣事耕種。若有充裕時間，當可自耕自給，不賴外界維持矣。

割讓威斯來區之條約，係於一八零零年，由檳榔嶼代督李斯爵士議訂者。該條約中規定檳榔嶼所需要之糧食，可在吉打境內購之，不受限制，亦不徵稅，與一七九一年之條約相同。以前所訂之各項條約，均被取消，而防守同盟則仍未提及；公司僅允許不包庇自吉打逃來之叛徒或罪犯(第七條)，並承認「自南至北，若有敵寇盜賊來攻，公司應司捍衛海岸之責」(第二條)而已。威斯來區乃永久割讓於大不列顛者。公司允在佔領檳榔嶼及威斯來區之期間，年付蘇丹銀一萬元。

按一七九一年與一八零零年二次所訂立之條約中，均未提及防守同盟之事，茲釋為吉打蘇丹對於此種不能達到之要求，已甘願放棄其夢想，貝納氏與公司大部份官員均持此見，惟瑞天咸則以為吉打蘇丹同意簽訂條約之際，當未放棄其認為有權提出之要求，此可以馬來人之心理學解釋之。其言云：

「若有一英國官員奉英政府之命，與馬來王議訂條約時，曾代政府發表任何諾言。馬來王對於該項諾言之被當局追認與實施，當無懷疑之必要，苟其後未經對方用口頭或書面之通知，必不致慮及其要求將不獲核准也。且在此項割讓之土地被佔後五年，而始有條約之訂立，則在該條約中雖未包含有關於諾言實施之條文，然在馬來王心目中，英政府當不能自食前言，而遽擺脫其履行諾言之義務也。再者，倘當時或其後所訂之條約，係一種「草約」性費，其中重要各條款，須寄呈遠地之政府加以批准者，則馬來王容或被騙，謂彼所提出之特別要求，仍在考慮之中，一俟遠地之上級政府有訓令到達時，可另訂一永久之條約云云。在此情形之下，馬來王與英國官員談判，當難以峻拒而有所苛索也。最後應闡明者，則爲英人自以爲係馬來王之友人而將一要隘佔領至五年之久，然後再與馬來王議訂條約而又不履行其諾言以副馬來王之全部或任何希望時，馬來王縱欲拒絕，當亦得不償失耳。』

當一八二一年吉打慘遭浩刧，爲暹騎蹂躪時，公司若能借與蘇丹「敍跛兵(Sepoys)二隊。六磅野礮四尊，」則必能拯吉打於水火。蓋暹軍畏怯成性，不值一攻，「祇須公司挺身而出」，卽纔上述之軍力，亦能使彼輩望風披靡矣。此爲賴德氏之意見，克勞福與貝納二氏又於其一八二一至一八二六年間出使暹羅之報告中，加以證明，而瑞天咸氏亦深韙其說，謂：

『暹羅與阿瓦(Ava，緬甸京都)，如深信進攻吉打將與英人引起正面衝突時，則必不敢輕舉妄動，而吉打之安全可保無虞；不幸吉打竟割讓檳榔嶼而盼望之英方援助；……事實上竟爲空中樓閣，此情纔可掩飾之時，吉打之國運衰落，殆已爲時間問題耳。其原因……爲東印度公司之畏怯。結果失卻信用，使不列顛聲名掃地，自損其對於馬來之威權有年。』

自一七八六至一八零零之十餘年間，檳榔嶼之人口與商業漸趨繁盛，其間似有三大原因，有以致之：第一爲賴德氏開闢殖民地之偉大力量；第二爲土人深信賴德氏之人格；第三爲一八零二年以前政府所採之自由貿易政策。關於自由貿易政策，乃爲檳榔嶼在闢埠之初印度代總督麥浮生所提倡，目的在促進商務，至一八零一年始，以公司董部之強迫而被取消。董部之意，殖民地必須徵收關稅，以增國庫收入，俾得與支出相抵也。賴德氏對於自由貿易政策，竭力維護，曾於甚多公文中，指出此項政策之成功。是故萊佛士之得享馬來亞自由貿易創造者之聲名，賴德氏與麥浮生爵士蓋亦與有功焉。

檳榔嶼於被佔領後之二年間，居民約為一千人。其後即陸續增加，至一八零四年前後，已有一萬二千人。當時調查報告雖甚殘缺不全，但就各種可用之資料加以研究，即可知檳榔嶼後期史中人口演進之大概趨勢矣。最初，居民多屬亞籍，而以馬來人佔大多數，其次為印度人，再次為華人，最後則為自緬甸至西里伯間之各民族。其數目常有變動，歐籍居民極少，但均為發展本島之中堅人物，與星加坡之歐人無異。所有主要商人均屬英僑，亞洲籍民中有藝術家與小本經營之商人，務農者尤多。事實上歐亞兩種民族，對於本島商業之發展均屬必要。無歐人則商業將難以發展，行見斯土成為死鎮。但無亞洲人之助力，則商業將成畸形殘廢而農業將更難於發展，當在意料之中。

華僑為數雖不能稱為最多，但為亞洲各民族中最珍貴者。彼等在檳榔嶼開埠之早年所致力者，蓋即為以後開發英屬馬來亞之先聲也。試回溯至一百四十年以前之歷史，則在一七八八年時，華僑之人數已自極少數一躍而為總人口額五分之二，其增進之速似可預卜其將來之發展焉。在英屬馬來亞史中，最堪注意之現象，則為英人政治之公正與安全，常予華僑以莫大之吸引力，故在馬來羣島與婆羅洲未開闢之前，華僑常裹足不前，迨英人來後，華人移殖即如水之下注。尚有一點值得注意者，則為早在一七九四年中時，彼等已被政府認為溫順，勤懇，而有創造力，為土著中之「最珍貴」者矣。

關於居民籍貫之千變萬化，法官狄更斯氏（Dickens）曾於一八零二年六月一日致函與檳榔嶼布政使時，有極生動之描寫。其言曰：

「此間社會上佔大多數者，為一般僅作小住之過路客商，故島中居民究以何種民族為最多，實難論斷。人口中包含有不列顛人民；歐美三洲之外人；歐籍父親與亞籍母親所生之有色人種（按即混種人）；亞美尼亞人（Armenians）；安息人（Parsees 即波斯人）；阿拉伯人；朱利亞人（Chorliars，即南寧人）；馬來羣島之馬來人；蘇門答臘之馬來人，東印度各島之馬來人；自婆羅洲西里伯，以及中國海與其他各島而來之武吉斯人（Buggeses），自動願而來之緬甸人；暹羅人；爪哇人；中國人；以及自公司在印度之屬土而來之回教徒與印度教徒。」

商業之發展與人口之演進同其速率。按一七八六年島上除叢林瘴氣之外，人跡稀少，故絕不能稱為有商業存在。迨十七八九年，出入口貨之總值為西班牙幣八五三、五九二元，迨一八零四年前後即升至一、四一八、二零零元。此數與新加坡之進展額相比，似相差尚遠。但新加坡乃羣島中獨特之一區，當不能與其他處相提並論者也。

按貿易統計之分析表所示，可知檳榔嶼之繁榮，大部份有賴於轉口商業，雖比較上新加坡猶較過之，大不列顛與印度方面之工業品經源源輸入，賴以分配與東印度羣島，同時羣島之物產，則經彙集島上，轉運至印度、中國，以及英國等地。自英國及印度輸入之商品，大部份爲雅片與疋頭（毛織品，棉織品，與絲織品），鋼鐵，火藥，及瓷器等物，均在檳榔嶼出售，以換東印度羣島之土產。此種土產，如照爾時案卷中之慣用名辭，可稱之爲「海峽物產」(Straits Produce)，卽米，錫，香料，籐，金屑，象牙，檀木，與胡椒等物，大部份來自檳榔嶼附近各地，尤以緬甸，馬來半島，與蘇門答臘爲甚。由於檳榔嶼之位置偏於羣島之西邊關係，該島與蘇門答臘及馬來半島以東各島間之商業較少，至於經營各種土產……人民爲多，彼等搜集各種「海峽物產」，於檳榔嶼出售，再以所得購買英國及……

公司於佔領檳榔嶼後，卽擬導入各種香料之種植，其目的在……給，賴德氏曾試種丁香，荳蔻，與玉桂而未成功，但胡椒之種植則……要之物產。考最初種植胡椒者爲一華人，彼於亞齊方面導入其種子……付，實亦趣聞之一也。當荷蘭與法國聯盟，對大不列顛作戰之時，凡……會垂手而得，乃不再顧荷人之惡感，於一七九六年及其後數年間，洗……獲取胡椒丁香荳蔻以及其他香料等之苗木，陸續搜集數千種，運歸檳……利，故在一八零三年前後，檳榔嶼之香料業，大有與摩鹿加羣島相互競……功，常繼之以不可挽救之失敗。所謂香料之種植，猶未能延續至一八二……

檳榔嶼於一八零七年以前，未有正式之法庭，亦無特制之法典，故在司法方面引起極嚴重之問題，是亦爲檳榔嶼初期史中不可或闕之史料，宜加闡述者也。查一七八八年與一七九四年二年，總督府曾先後草擬大綱數則，關於審問之方式以及刑罰之種類，其能在檳榔嶼執行者，略經規定，惟範圍窄小，遇有重大案件，非經董部核准，當地官員無權辦理。此項規律，於一八零七年前，即爲該島之法律，因其簡陋不全，常使執法者陷於無能爲力之困境，蓋關於司法與裁判權之條文常含糊不明，一切似均在督辦手掌之中，而英國人民，則專實上不受任何法律之約束。

所有民事案件之較輕者，由中國，馬來，及朱利亞（即吉寧人）各族之甲必丹審理之。甲必丹者，各族中之著名人物，由檳榔嶼政府任命，協助政府維持其同儕之法律與秩序者也。較重要之刑民案件，則由督辦之幫辦審理。按督辦一名，於一八零零年前後，經改稱爲檳榔嶼布政使，乃成正式之官銜。至於最嚴重之刑民案件，則由督辦親自審問，且有權變更其下屬之判詞。一八零零年，有狄更斯（Dickens）者，來任檳榔嶼之法官，此君爲加爾各答之律師，亦爲某小說家之叔父，在彼以前，檳榔嶼之各法官，實無一堪稱爲曾受訓練之法律學家也。

英國之民法與刑法，此間均不能應用，故在刑事案件中，法官常運用其一己之經驗與常識，以與一七九四年之糊塗法律相配合，草草定罪，通常之刑罰，不出於監禁，輕笞，與發配之範圍以外，倘遇土著之謀殺案件，則罪犯應先行監候，待孟加拉政府之判詞到後，再行處決，至在民事案件中，「所引用之法律，複雜異常，隨各色人種之國籍而有別，更參以習慣法，而從事判斷，上訴庭中之歐籍法官，胥賴此種不成文法律以作其判詞之嚮導，……在此紊亂之狀態中，亦可稱爲極端紊亂之情況中，已有所不合矣。」狄更斯氏於一八零三年曾致書總督，詳陳因法律之不完備，而致引起之種種不便情形，彼於論述檳榔嶼「之司法，乃憑獨斷而無明文」後，繼謂：

「威爾斯太子島沿用之唯一法律，以判斷刑事或有關於財產之訴訟者，爲一種習慣法，……依此種習慣法，未能賦予本人以有關於……承繼或遺傳……或有關於其他種種案件之合法根據，故常使余於執行職務與宣判時陷於窘境；……且有甚多案件，使余完全不能處理，……觀乎本島種植業之發展，商業及人口之演進，實有訂立財產訴訟法律之必要，而刑事罪之種類與律例，實亦應由當局早日宣佈者也。」

尤有進者，一七九四年律例之最大缺點，爲歐洲人除犯謀殺罪與「其他大罪」外，不受法庭之約束，彼等縱罪大惡極，當地政府亦無權審理，須解送至孟加拉政府。其結果誠如一八零四年李斯之言。彼等常利用此點爲非作惡，尤以對於土著爲甚。蓋彼等無合法之保障，足以反抗也。檳榔嶼省區成立後不久，其參議會卽於一八零五年上呈公司董部，對於此事有相同之申訴，謂：

『島上有甚多歐籍流氓，無法無天，無惡不作，欺凌其鄰人與若輩最和平之土著，更因法無明文，彼等竟與司法當局相敵對，故若不從事於根本之改革，余等深恐本殖民地之繁榮，將不久長，行見良民遠徙，本島勢將爲若輩惡徒之淵藪，且與政府及法律作對焉。』

此外尚有甚多類似之公文上達當局，卒於一八零七年，公司董部獲得議會之核准，決在檳榔嶼設立一主簿法庭，所用民事與刑事法律，均根據是年存在之英國法律，惟法官特許狀中，會特别指明在法庭之訴訟手續中，凡各地土著之宗教與習俗，與英國法律精神無所抵觸者，應儘量參酌而考慮之。

一八零五年，檳榔嶼之歷史，轉入一新階段，其地之光榮，達上最高峯，各方僉以爲其前程萬里，不可限量。蓋檳榔嶼既爲衆望所歸之東方良港，又富於香料之出產，復將成爲遠東(Furthest Asia)主要商場之一。公司董部之懷有熱望，而將其地拔昇爲印度第四省區者宜矣。然而幻象之消滅，亦如朝露曇花。

至於檳榔嶼衰落之原因，不難推測，夫希望愈濃，失望愈甚，事屬當然。其最令人心灰者，爲此島不適合於建設軍港之用，縱其港口雖甚良善，乃經仔細勘察之後，即可知其地不能構造船塢。且島上之雜樹，難供建艦之用，若不遠至緬甸，不能獲得良材，故於一八一二年，築港計劃，卒致廢止。

第二大失望事，爲殖民地不能成爲東印度羣島之一大商業中心，且貿易額在一八一零年前雖陸續增進。但自是年以至一八一九年，卽入於靜止狀態中，其後新加坡一經開埠，檳榔嶼卽遇競敵。其貿易亦漸衰落，此蓋由於其地位僻處羣島西端而產生之必然結果也。當地商人，雖對於檳榔嶼之稅輕律寬，深感便利，然大部份仍未敢遠航至數百哩以外，甘冒馬六甲海峽中海寇刧掠之險而來歸，寧受重課而在附近各島嶼間買賣焉故。自檳榔嶼開埠以來，其貿易範圍常限於鄰近各地，如緬甸，馬來半島西海岸，與蘇門答臘等而已。更因公司旣不欲再在馬六甲海峽中擴展其領土，故與半島之貿易，亦屬有限，迨一八七四年馬來諸邦歸大不列顛掌握之後，情勢始變。

尙有香料之種植，在初期之成功後，亦卽完全失敗，數年辛勞，毀於一旦。行政方面，亦未能措置有方，民多誹怨。（參閱本書第五節）

至於最後之失望亦可稱爲最大之失望，當爲印度國庫常受其累。查檳榔嶼在一八零五年前，歲入常不敷支出，乃在是年以後，不敷之數，竟愈益增多。其主要原因，當爲一八零五年檳榔嶼改爲省區以後，高俸厚祿之官員源源蒞至之故，當局爲謀補救計，曾增加關稅，然不敷之數，仍年有增加。

公司董部鑒於上述情形，每年消耗鉅資而無絲毫之收穫，恐再蹈明古連之覆轍，乃飭令檳榔嶼參議會撙節開支，但結果當局雖欲力事節省而財政狀況則日益不景，在省區苟延殘喘之最後十年，卽一八二零至一八三零年間，參議會常欲顯示其節儉於公司董事之眼簾，勉使任何一項開支之數目，均爲不可或免之經常維持費，而董部猶認爲不滿，常報之以勸誡，對於各項新開支，每冷然詢問其用途，仍不勝疑慮焉。卒致耐無可耐，於一八三零年，將檳榔嶼之省區制度廢棄，裁減大批官員，藉使收支平衡，以副彼等之望。於是所謂海峽殖民地者——馬六甲與新加坡自一八二六年起由檳榔嶼管轄——降爲隸屬於孟加拉之駐劄官區，以前之東方省區，即不再存在矣。

（註一）「安汶大屠殺」爲南洋史中重要事件之一。初，英國東印度公司設一土庫於安汶以爲香料羣島之根據地，荷人甚嫉之。會安汶之英土庫僱用日本職員數名，荷人認爲有陰謀刧奪安汶荷蘭之舉動，乃大事屠殺，時在一六二三年也。其後英公司即逐漸放棄其在東印度與遠東各地（如暹羅日本等）之土庫。

（註二）暹羅早已與吾國脫離關係一節，蓋係暹羅人與白種人之武斷。事實上暹國奉表稱臣，納貢朝覲，至同治年間始止，雖其實情或假意難以論斷，但吾國始終以屬國視之，當無疑義也。

三 地誌

一 概說

位置面積 檳榔嶼位於馬六甲海峽之北端，距新嘉坡凡三百六十哩，距蘇門答臘之最近地點約一百五十哩。全島長十五哩，闊九哩，面積約一百〇八方哩。與馬來半島分隔處有海港一道，闊二哩至五哩。英人於一七八六年佔領本嶼後，原擬利用該港爲艦隊根據地，故於一八〇〇年後，自吉打割得對岸大陸上沿岸一帶狹長土地以控制海港之兩岸，即今之威斯利省(Province Wellesley)也。其地平均闊度爲八哩，長四十五哩，總面積達二百八十方哩，亦隸檳榔嶼政府管轄。

區域 檳榔嶼全島共分二區十八鄉，其首鎮曰喬治鎮(George Town)，乃用以紀念開闢時在位之英王喬治三世者，該鎮位於島東之海角上，其位置爲北緯五度二十五分，東經一百度二十一分，行政長官之公署即設於此。其二區十八鄉之名稱，茲臚列於左：

一 屬於西南區者

一、班丹亞齊(Pantai Acheh)

二、直落巴港(Telok Bahang)

三、直落巴西(Telok Pasir)（此鄉分十村）

(A)雙溪檳榔(Sungei Pinang)

(B)雙溪羅沙(Sungei Rusa)

(C)波登巴西(Pertang Pasir)

(D)峇眼亞逸依淡(Bagan Ayer Itam)

(E)[illegible]道拉斯(Titi Tras)

(F)光西(Kongsi)

(G)甘光披耶(Kampong Paya)

(H)末牙武郎(Sungei Burong)

(I)浮羅勿洞(Pulau Betong)

(J)雲丁(Genting)

四、峇都意淡(Batu Itam)

五、浮羅山(Balik Pulau Hills)

六、邦鎗烏比(Pondok Upih)

七、雲丁山(Genting Hills)

八、遞泰三戈爾(Gertak Sanggul)
九、武吉金[illegible]羅(Bukit Gemuroh)
十、利劉山(Relau Hills)
十一、直落公巴(Telok Kumbar)
十二、峇六拜(Bayan Lepas)

二　屬於東北區者

一、披耶德羅文(Paya Terubong)
二、披耶德羅文山(Paya Terubong Hills)
三、亞逸依淡山(Ayer Itam Hills)
四、亞逸依淡(Ayer Itam)
五、峇都弗令宜(Batu Feringgi)
六、丹戎道光(Tanjong Tokong)

威斯利省共分北中南三區，而以北海(Butterworth)為首治。北區又分十六鄉，中區二十一鄉，南區十五鄉，各鄉名稱，茲不備述。

島嶼　檳榔嶼四圍小島寥寥無幾，東僅浮羅芝立札(Pulau Jerejak)，南有浮羅利毛(Pulau Remau)(即虎嶼)與浮羅肯地(即龜嶼)二島，西僅浮羅密洞(Pulau Betong)，北僅浮羅德猪嶼(Palau Tikus)(即鼠嶼，吾僑稱海珠嶼)而已。各島中以之立札島面積最大，政府設有驗疫處與痲瘋醫院。海珠嶼則爲遊覽勝地，上有那督廟，每逢佳節，檳城居民輒渡海前往，酬神演劇，熱鬧逾常，其地蓋有類星洲附近之龜嶼(Pulau Kusu 或 Peak Island)焉。

氣象　熱帶氣候，無寒暑之分，有雨旱之別，海峽殖民地各州素以溫度勻，濕度高，雨量多，爲其特殊之氣象，全年溫度之變化甚微，亦不若熱帶大陸有酷熱之患。檳榔嶼因位於馬六甲海峽偏西北之地點，海面較闊，且距孟加拉海灣較近，故受季候風之影響，較爲明顯，自十一月至次年四月東北季候風流行之際，天朗氣清之日居多，而自五月至十月西南季候風盛吹之時，則雨水甚多。惟雨旱均不長期持久，不足爲虞，島上平均溫度爲八十度左右，山巔氣候，更較涼爽，平均在七十度左右。據馬來亞氣象局之報告，一九三七年檳榔嶼溫度最高之日爲二月二十二日，達華氏九十五度，溫度最低之日爲一月六日，僅華氏六十五度。是年全年平均溫度爲華氏八二·一度。

按諸五十年來之紀錄，檳榔嶼每年平均降雨一〇七時半，以十月份雨量最多，約爲十七吋，二月份最少，約爲三吋，平均每年降雨一百六十五天，茲錄近四年檳榔嶼雨量紀錄如左：

一九三五年	一〇七·九八吋
一九三六年	九六·二〇吋
一九三七年	九三·六八吋

一九三八年　　八七・二六吋

二　山川

地質　檳榔嶼全島之土地，均屬花崗岩質，但有甚多區域，由於花崗石之分解，而成沙礫，或堅土，鋪蓋地面，其上復加一層可資耕植之沃土，或厚或薄，視地帶而有別。事實上島上除市鎮附近之土地為平原外，其餘盡屬山嶺，造成甚多狹小之谿谷。

山嶺　檳榔嶼之山脈，總稱西山(Western Hill)，蓋以所有山嶺，均在島之西部故也。其最高峯達二千七百二十二呎，次為王家山(Government Hill)，一稱升旗山，達二千四百二十三呎，再次為檳榔山(Penang Hill)，高二千四百十二呎。(按：關於檳榔嶼山嶺之高度，各書所載，頗有出入，此係根據一九三八年政府測量局之地圖者。)其他山嶺之分佈於中部及西南部者，計有：

亞逸意淡山(Ayer Itam Hills)
披耶德羅文山(Paya Telubong Hills)
浮羅山(Balik Pulau Hills)
利劉山(Relau Hills)
巴詩班讓山(Pasir Panjang Hills)

琴丁山(Genting Hills)

其在北海岸者，有峇都弗令宜山(Batu Ferringgi)爲名勝之區，上有游泳池，爲游客必至之地。

河川　檳榔嶼河川縱横，密佈全嶼，尤以東北區爲甚。茲擇其較大者，臚列於後，但均不足稱爲大川也。

一　東流入海者

檳榔河(S. Pinang)

巴比河(S. Babi)

格羅俄河(S. Glugor)

杜亞比沙河(S. Dua Besar)

杜亞格知河(S. Dua Kechil)

尼文河(S. Nibong)

伊根河(S. Ikan)

居鑾河(S. Kluang)

尼柏河(S. Nipah)

二　南流入海者

峇六拜河(S. Bayan Lepas)
直落公巴河(S. Telok Kumbar)

三　西流入海者

浮羅蜜洞河(S. Pulau Betong)
武郎河(J. Barong)
戈農河(S. Gunong)
矛蘭峇魯河(S. Jalan Bahru)
亞逸依淡河(S, Ayer Itam)
羅沙河(S. Rusa)
檳榔河(S. Pinang)（與前列者不同）
金嘜羅河(S. Gemuroh)

四　北流入海者

馬蒂河(S. Mati)
峇都弗令宜河(S. Batu Ferringgi)
馬士河(S. Mas)
直落南加河(S. Telok Nangka)

比沙河(S. Besar;

士角　檳榔嶼形似一龜，四周角灣甚多，喬治鎮所在地，實爲嶼東一大海角，名爲丹戎峇能加(Tanjong Penanga)，故馬來人與吾僑迄今仍稱之爲丹戎者。丹戎蓋巫語之海角也。嶼之東岸，除喬治鎮之大海角外，海岸線頗爲平直。其他屬於南岸西岸與北岸之海角列左：

一　屬於南岸者

述森三戈爾角(Tanjong Gertak Sanggul)

金靡羅角(Tanjong Gemurch)

二　屬於西岸者

吉令角(Tanjong Keriang)

嘉碌角(Tanjong Kalok)

金靡羅角(Tanjong Gemurch)

馬沙麗角(Tanjong Masari)

淡保雅角(Tanjong Tempoyak)

三　屬於北岸者

道光角(Tanjong Tokong)

武牙角(Tanjong Bunga)

峇都角(Tanjong Batu)
班登角(Tanjong Pandan)
杜榮角(Tanjong Duyong)
浮格墨加角(Tanjong Puchal Muka)
格基角(Tanjong Kechil)
遂馬勞角(Tanjong Damar Laut)
比沙角(Tanjong Besar)

} 墨加岬(Muka Head)

三 人口

英人賴德上校初來檳榔嶼時，其地滿目荒涼，人烟稀少。據卜克爾(Bookworm)所著檳榔嶼開闢史(Penang in the Past)一書所載，最初島上僅有中國及馬來漁夫五十八名，自開埠以後，居民逐漸增多，至一七八八年已增至一千名左右，其中五分之二爲華僑(見海峽殖民地檔案卷三 S. S. Records Vol. III)。迨一八〇四年，檳榔嶼將被升爲印度第四省區時，人口已達一萬二千人(見李斯所著威爾斯太子島 Leith: Prince of Wales Island)，其後續有增加。惟自一八一九年新嘉坡開埠後，檳城方面遂有望塵莫及之慨。茲根據勃拉台爾(Braddell)之統計，臚列一八一八年以後之檳榔嶼與威斯利省人口如左：

甲 檳榔嶼

年份	華僑	馬來人	歐洲人	印度人	總人口
一八一八	七、八五八	一二、一九〇	?	八、一九七	三五、〇〇〇
一八三〇	八、九六三	一一、九四三	一、八七七	八、八五八	三三、九五九
一八四二	九、七一五	一八、四四二	一、一八〇	九、六八一	四〇、四九九
一八五一	一五、四五七	一六、五七〇	三四七	七、八四〇	四三、一四三
一八六〇	二八、〇一八	一八、八八七	一、九九五	一〇、六一八	五九、九五六

乙 威斯利

年份	華僑	馬來人	歐洲	印度人	總人口
一八一八	三二五	五、三九九	?	三三八	六、一八五
一八三三	二、二五九	四一、七〇二	?	一、〇八七	四五、九五三
一八四四	四、一〇七	四四、二七一	一〇七	一、八一五	五一、五〇九
一八五一	八、七五一	五三、〇一〇	?	一、九一三	六四、八〇一
一八六〇	八、二〇四	五四、八三六	七六	三、五一四	六四、八一六

自一八六七年海峽殖民地轉歸英京直轄後，叻嶼甲三州之人口，年有增加，尤以近年爲甚。政府每十年必詳查戶口一次，其報告分析詳盡，數目準確，極有參考價值，至於平時未有戶口調查之年份，其人口報告係根據上一次之戶口報告，加出生數，減死亡數，再加或再減移民出入境比較數而得，蓋關於居民之出生，死亡與遷移等，政府均有詳細之報告，可資稽核也。茲先詳列海峽殖民地自一八八一年之人口於左，以見進步之一斑。

年份	人口
一八八一	四二三、三八四
一八九一	五一二、三四二
一九〇一	五七二、二四九
一九一一	七一四、〇六九
一九二一	八八三、七六九
一九三一	一、一一四、〇一五
一九三六	一、一七〇、四二五
一九三七	一、二四八、一一八
一九三八	一、三四四、五四五

註：一九三六，一九三七，一九三八年之統計至六月三十日止。

檳榔嶼與威斯利省之人口，自一九〇一年以來，玆再列表於左：

一九〇一年	二四七、八〇〇人
一九一一年	二七八、〇〇〇人
一九二一年	三〇四、三〇〇人
一九三一年	三五九、八五七人
一九三五年	三四一、九〇四人
一九三六年	三五四、三九九人
一九三七年	三七三、八六〇人
一九三八年	三九九、四九五人
一九三九年	四〇五、七〇二人

註：右表所列一九三五年至一九三九年人數，係按每年六月三十日止計算。

若就人種而論，則檳榔嶼之居民以華僑爲最多，馬來人次之，印度人再次之。威斯利方面則以馬來人爲多，華僑次之，印度人再次之。玆將一九三七與一九三八兩年之統計列左：

甲 檳榔嶼

種族別	一九三七年	一九三八年
華僑	一五〇、七九八	一五七、六四四
馬來人	四〇、五四二	四〇、八四〇
歐洲人	一、九五三	一、八九五
混種人	二、二三三	二、二四六
印度人	三三、一七九	三二、四八七
其他	一、七九五	一、八四三
合計	二三〇、五〇〇	二三六、九五五

乙 威斯利

種族別	一九三七年	一九三八年
華僑	五六、〇四三	五九、〇〇二
馬來人	七四、四八八	七五、六〇二
歐洲人	三〇六	二八八

歐種人	二九六	三九三
印度人	二九、二五六	二八、七六四
其他	五四四	五五三
合計	一六〇、八四九	一六四、五〇二

註：右二表所列數目，均計算至年底爲止，故與前表略有出入。又據一九四〇年底之統計，檳榔嶼及威斯利之華僑總數爲二二八、〇八六人。

四　物產

馬來亞在橡樹之種植未導入前，農業未見發達，所種植者僅限於香料與甘密（Gambier），威斯利及馬六甲方面，居民種稻者亦多。自一八〇三年前後，東印度公司當局計劃將檳榔嶼改爲第二摩鹿加（Moluccas），俾得自耕自給，不受香料之牽制。檳榔嶼之開闢者賴德上校並曾遣派專員赴摩鹿加，採選香料之種子，移植檳城，試種數載，成績甚佳，胡椒之產量，年達四百萬磅，質地較東印度任何區域所產者爲佳，惜乎曇花一現，胡椒之價値狂跌，以致慘敗。丁香與荳蔻亦遭遇同樣之命運。於是所謂香料之種植卽被完全放棄。目下檳榔嶼之大宗農產，反爲樹膠、椰子與稻穀，香料之種植已限於極小之範圍，而檳榔嶼所賴以得名之檳榔，實亦非本嶼之特產也。

甲　礦物

檳榔嶼之土地均屬花崗岩質，山嶺雖多，但無商業上有價值之礦物出產，與馬來半島其他各地不同。茲可得而述者，則爲馬來半島所產之錫，運至檳城者甚多，經熔化後鑄成錫塊，然後運往各國銷售，故檳榔嶼本身雖乏礦產，然對於馬來亞之錫礦業有重大之關係。至於承辦此項熔煉工作者，共有三所：一爲海峽貿易公司，一爲東方熔錫公司，一爲梁發公司。

乙　農產

樹膠　樹膠爲橡樹之產物，橡樹原產南美之亞馬孫（Amazon），爲野生產森林中之喬木。一八七二年英政府派植物學家柯令士（James Korins）赴南美，獲得苗木六株，送至加爾各答植物園，栽培成功，是爲東方有橡樹之始。至於海峽殖民地有橡樹之種植，始於一八七七年，距今僅六十餘年，而馬來亞樹膠之產額，已躍登世界之寶座，近年來樹膠生產雖感過甚，但仍不失爲馬來亞最主要之農產。査全馬來亞橡樹之種植面積，共計三百二十八萬英畝，海峽殖民地僅佔十分之一，約三十萬餘英畝，其中檳榔嶼佔一七、七九一英畝，威斯利佔六八、二一〇英畝，以與馬來亞總數比較，雖似微末不足道，但就檳榔嶼與威斯利之本身而論，則已爲最主要之農作物矣。樹膠之用途甚廣，如膠鞋，膠靴，雨衣，車輪，車胎，膠管等，均爲吾人必需之用品也。

椰子　椰樹爲熱帶之特產，其在馬來半島者，多至二十五種，其中最普通之一種，爲高椰中之古古椰子（Coconut），繁殖力強而傳播區域廣。馬來亞全部種椰面積，據一九三八年之統計爲六十萬英畝，海峽殖民地佔十分之一強，約六萬八千餘英畝，其中檳榔嶼與威斯利佔大半，計檳榔嶼九、九三〇英畝，威斯利三六、七〇六英畝，按檳榔嶼世人多以其盛產檳榔而得名，實則其種植面積僅九百八十英畝，較之椰樹，不及十分之一。椰樹之用途，世間任何樹木，恐難望其項背，蓋其幹可以架橋造屋，樹葉可以蓋物充帽，椰水可以飲，椰漿可釀酒，椰肉可磨粉，椰乾可榨油，即其渣滓與果皮，亦可飼畜與製刷，堪稱無一廢物，誠天賦之良產也。

稻穀　馬來人種稻始於何時，渺不可考，惟馬來亞最早之種稻區，當爲馬六甲與威斯利二地，今則因政府之鼓勵，已遍及各州矣。馬來人種稻之法，當係得自吾國，是以用牛犂田，用耙耘土，插秧蒔草，收割刈稻，以及打穀舂米等工作，仍與吾國舊法相似，所不同者，馬來亞以氣候關係，稻常一年兩熟，蓋自播種以至收穫，爲時不過六月，是則又與吾國之春耕夏耘秋收冬藏不同矣。

據一九三八年政府農業報告，全馬來亞種稻面積共達七二五、九六〇英畝。產米最多之區爲大霹靂之高淵區（Krian District），次爲馬六甲與威斯利。現威斯利共有稻田三二、四二〇英畝，產米八、五三五、〇〇〇加冷（Gatang）。（此名從加侖而得，等於英制一加侖，或合吾圖天平秤五斤。）檳榔嶼共有稻田三、〇一〇英畝，產米一、二九〇 〇〇〇加登。查海峽殖民地於一九三八年共產米二二、五四六、〇〇〇加登，檳榔嶼與威斯利所產者，約佔總產量十分之四強。

檳榔嶼與威斯利方面所種者大部份爲水稻，旱稻僅一百四十英畝而已。

果樹　檳榔嶼種植香蕉與黃梨者雖不多，但栽培特種果樹者甚多，計共佔地二千五百餘英畝，就中以榴槤，山竹，紅毛丹爲最多，而香荔枝與吉果(Chikus)亦隨處可見。

其他農產之較重要者，玆列表於左：

品名	檳榔嶼耕種面積(單位英畝)	威斯利耕種面積(單位英畝)
碩莪(Tapioca)	一八七	一、〇〇四
菜蔬	三二四	五七一
香蕉	三一二	三三七
黃梨	一六〇	三五〇
檳榔	九八〇	八五六
尼柏棕	二〇	一、六三五

丁香	五六七	一
豆蔻	五四	二一

註：右列數目字，均係根據一九三八年之統計。

丙　牲畜

馬來亞以氣候關係，畜牧事業，難臻發達，居民日常所需之牛羊猪等，大都自他處進口，因當地所產不敷消費之故也。年來養猪業已漸得各方之注意，尤以華僑爲甚，而牧羊業則多爲南印度人所經營，蓋彼等嗜食羊肉也。至於馬來人，則因種稻之故，養牛者居多。據一九三八年之統計，海峽殖民地之牲畜總數，有如下表：

牛	二〇、七八一頭
水牛	二一、五四一頭
綿羊	三、四六一頭
山羊	三五、七九七頭
猪	二三五、二八九頭

檳榔嶼與威斯利之牲畜數，則如下表：

種類	檳榔嶼	威斯利
牛	二、八二七	五、七一一
水牛	六二五	六、八〇八
綿羊	四一六	四五
山羊	一、六九九	一〇、四〇五
豬	三三、六六三	三六、四七五

註：右表所列數目，係一九三八年之統計。又檳榔嶼之綿羊與山羊數目，包括在入口關牧場中待宰或待售之羊羣，約計綿羊三百頭，山羊一百三十頭。

丁　漁產

檳榔嶼四周環海，漁業向稱發達，業漁者有馬來人，華人與日本人等。自一九三〇年以來，日本漁業者利賴其優厚之資本，集團之組織，科學之訓練，使其經營之事業，有蒸蒸日上之勢，將執馬來亞漁業之牛耳。然自一九三七年中日戰爭爆發以還，華僑厲行杯葛，拒食敵人所捕捉之魚類，以致日本人之漁業一落千丈，反使土人與吾僑又有前進之機會，惟捕魚之方法務宜改善，資本之運用，亦宜靈活，庶有效焉。

熱帶之魚，大都色澤艷麗而味不甚美，檳榔嶼最著名之魚類，有邑魚，鯧盆，石首，鯛魚，海鱸等，蝦蟹蠔亦爲名產。

茲錄一九三〇年以來檳榔嶼與威斯利省之漁產數量於左：

一九三〇年	一、〇六五噸
一九三一年	三、七二七噸
一九三二年	四、七二六噸
一九三三年	四、七〇五噸
一九三四年	五、八六六噸
一九三五年	七、一六四噸
一九三六年	九、三一五噸
一九三七年	一〇、四六〇噸
一九三八年	一〇、四五一噸

四　行政

關於一七八六年至一八二六年間之檳榔嶼政治詳史，猶有待於纂修。吾人現可得而言者，則爲其地之開闢，目的在於建立一海軍根據地，以供活動於孟加拉海灣之艦隊應用。同時，東印度公司並擬於馬六甲海峽中，獲得一商業根據地。

檳榔嶼雖於開埠後二十五年，始被發現缺乏造船材料，不能供建築軍港之用，但要而言之，開埠之主要目的，已告失敗矣。至就商業情形言，則在此二十五年中，其地進步雖速，且被劃爲印度政府轄下省區之一，但自海峽殖民地之首府於一八二六年移轉至星洲觀之，事距星洲之開闢，不過七年，則似又有望塵莫及之慨矣。

吾人試披閱輿圖，當可知星洲如關爲東印度商貨分配之市場，其地位實較檳城優勝多多，然而設有人以爲年代久遠之檳榔嶼突然降格，而方在襁褓之新嘉坡驟形升遷，卽由於此，則亦未盡然也。

當檳榔嶼關設軍港之希望告絕時，星洲固未顯露其可以成爲良港之價值，故此節亦殊未能目爲政府移轉之主要原因。至密爾斯君（Mills）所稱檳榔嶼之衰落，半由於香料種植事業之遲慢，實亦不然。蓋自統計數目觀之，其地在十九世紀初葉之二十五年中，香料業之進展，雖甚遲慢而甚穩健，且在一八〇五年檳榔嶼被劃爲省區之時，當局未嘗預卜香料業將爲本境發達之主要因素。而一八〇〇年，政府決定保留此島爲殖民地時，此種希望，更屬渺小不足計焉。

然則檳榔嶼之失敗，蓋失敗於政治而已。其地之開闢，對於東印度公司損失奇重。吾人更以爲最初二十年之經營，不能獲得成功，而使公司蒙受損失，乃事理之常，未可厚非，但在其後二十年中，執政者常持樂觀之論調，而結果損失日益增多，則又無怪公司當局漸萌厭惡之念，而於一八二六年有移治之舉矣。吾人現須加以探討者，則爲檳榔嶼政治所以失敗之由。

是項原因，分析之可得二大綱目：一曰土地政策之不善，二曰歲收之不充裕，但歸納此二大綱目，又可得一主要原因，即東印度公司不能予賴德氏 (Francis, Light) 及其繼任人員以充分之款項，俾得僱用充分職員，以使政府之基礎穩如磐石耳。

簡括言之，土地政策之缺點，蓋在公司主要資產經隨意處置，讓與一般不知利用之人民；歲入之短絀，則在政府無法徵收適當而必需之稅餉。吾人作此論斷，蓋有歷史事實爲據者，（註一）茲當縷述如下：

賴德氏於檳榔嶼登岸後，艱難與時俱增，蓋公司當局，對於氏所提出之計劃，未嘗予以全力之贊助。關設殖民地，僅爲賴氏一人之主張，公司董部，雖善其說，但終不信其地爲最適合於公司目的之所在，故當賴德氏正致力於檳榔嶼政務之時，公司當局，猶在辯論其地可否放棄，而另覓其他適當區域如安達曼羣島 (The Andaman Islands) 等以替代之。此項辯論，降至賴德氏去世後之數年間，猶未達到結論。職是之故，賴德氏所能獲得之助力極微，且彼本人原爲皇家海軍之退伍少尉，曾在吉打任馬德拉斯某一商號之代理人有年，以故對於治政之技術，全無經驗，亦無幹練多才之助員，代爲籌劃一切。迨一七九四年，當氏瀕死之際，始得湯姆斯比固氏 (Thomas Pigou) 效勞左右。另有一初臨是境之推事馬寧頓氏 (Manington)，於賴氏歿後，繼任者未經正式指派以前，暫署當地督辦 (Superintendent) 之職務。查賴德氏於羅岸之初，僅隨帶陸海軍官員數名，印度兵若干名，其俸金爲按月一千羅比。上峯曾嚴令撙節開支，免徵稅項，以使檳榔嶼成爲一自由口岸。

賴氏有友名詹姆斯史谷德者 (James Scott)（註三）爲一精於算計之冒險家，曾於吉打經商有年。賴氏將其督辦之任務，與彼與史谷德二人合夥經營之商務混而爲一。故史氏於一七九六年致書於麥唐納少校 (Major Macdonald) 時，述及彼與賴氏於一七八七年曾持有『聯合股本』(Joined Stocks)，其合夥條件之一，爲賴德氏應給予彼等所經營之商業以全部自由權，但不能過問其管理事宜，由是史谷德乃能在此新殖民地，獲得商業上之優越地位。

賴德氏開闢檳榔嶼之第一目的，乃在吸引各色人民，來嶼居住，但島上濃蔭遍野，人跡絕寥，賴氏爲鼓勵鄰境人民，移殖來此，以効披荊斬棘之勞，特許日後給予地契，以事耕耘。此項政策，迅卽見功，島之東邊不久卽成爲人煙稠密之區。乃賴氏所設之政府中，既無管理地產之專部，亦無測量土地之專員，故一時未能製發任何種類之地契，待彼施政八載，於一七九四年年彌留之際，所發地契，猶不過限於丹戎(Tonjong)(註三)附近之少數地區而已。賴氏歿後，執政者乃於一七九五及一七九六年兩年間，對於各處已有人領用之土地，作草率之測量，是爲當時掣發地契之唯一根據。按自一七九四年至一八〇〇年數年間，政府發出之永久地契 (Grant in Perpetuity)特多，僅收些微之地稅，蓋均用以應付賴氏之前諾者也。

是項臨時草創之土地政策，對於殖民地之前程，引起無窮障礙，蓋劃贈土地予一般有功開闢之人，固爲獎勵移民之良策，然而同時亦應有一種保證，即所有劃贈之土地，不能任其荒蕪，須加以適宜之種植然後可，乃賴氏未嘗注意及此，將良田沃土，濫贈一般不知耕種之歐人，(按當時慣例，東印度公司之僕役包含在內，)故至一七九六年，麥唐納少校稟呈公司董部時，即已用其慣用之尖刻而粗鹵之語氣，指出賴氏濫發許可准，而不附帶聲明所發給之土地，如不耕種生產，則仍須公司收回，誠多遺憾，且彼劃與私人之土地，未能仔細丈量，力圖節縮，尤爲不當，即以賴氏本身而論，在離嶼不遠之北海岸，已佔有良田多頃，而於島之其他部份，亦擁有甚多地產，此種行爲，似非好例。史谷德氏所佔亦多，自不待言，即以馬寧頓與肯德(Counter)二氏之地產言，似亦超越彼等所需要者矣。肯氏於庇能河(The Penang River)之南面獲得一廣大區域，而馬氏則不特於黑水潭(Ayer Itam Valley)擁有廣大之沃土，且在緬甸村(The Burma Village)附近亦有其他產業。尚有其他歐籍人民，大部份爲商船主游牧不定之輩，於瀑布河(Waterfall River)以北，直落亞逸羅闍區 (Telok Ayer Raja)中，佔據甚多良田。至於亞籍移民，則大部在山嶺以東之平原上，闢林莽而居焉。

縱觀上述之土地政策，施行極不審慎，以致引起殖民地未來之無限焦慮。蓋所謂移民，不論其為歐籍抑為亞籍，均為冒險家之流亞，未必能長此居留是島，且島上極不衛生，醫藥人才與設備，固感欠缺，復以當時之醫術，尤未能應付潮濕而灌溉不良之熱帶各地所流行之瘧疾與腸病，是以死亡率甚高，各籍人民之置有地產者，有時因不合水土，常捨棄其產業而去，於是良田又入於市儈之手，輾轉買賣，價值低廉。設若政府富有資財，此項廣大之土地均可由公司賤價收回也。不幸政府未有充裕之款項，於是詹姆斯史谷德氏乃得利用此種環境以達其致富之目的，彼之公司不特已享有殖民地出入口業之無上專利權，今且擴而為當地唯一之銀行與放款機關矣。史谷德本人即為一良好之證人，彼謂史谷德公司為『居民獲得資助之主要源泉』，曾辦理抵押放款業務，並謂彼等曾投資鉅額羅比云云。當一八〇五年新政府（註四）成立時，董事會之慎密訓令中，亦曾述及此節，謂『該公司所放之款，有時非現金而為船來貨物，訂價較市一般售價為高，且利息高至年利三分四厘』云。

試查土地局之檔案，可知史谷德氏之地產，除原有者外，他如抵押過期而被沒收者，或因業主之後嗣貧困負債而予收買者，其數驚人。故麥唐納少校曾於一七九六年痛陳史氏在島

權，並力斥其強橫無道焉。

茲移論點，而談政府收入問題。按喬治李斯爵士(Sir George Leith)曾著有威爾斯太

書，於一八〇四年出版，書中對於一七八九年至一八〇三年間之政府收入，有簡要

彼謂一八〇〇年前之政府收入，大部份得自煙酒賭三項餉碼，益以小額之商店營業德氏曾於一七八八年創議徵收進口稅，宅地稅，商店稅，與地產移讓稅等。其中除進口外，餘均見諸實施，惟宅地稅之徵收，雖有地契爲據，但在土地局未設立，徵稅工具未以前，其事之實施，殊多困難，故在李斯爵士之統計中，未有指示宅地稅之數目，彼並謂在一八〇〇年以前，政府之收入，幾全部得之於餉碼。商店稅之收入，則猶未能抵付警察之支，而所謂關稅者，雖在海角極端之城堡附近曾有一臨時稅關之設立，然事實上未嘗徵收任何稅項云。至於餉碼收入，最初爲數亦不多，一七八九年，僅得二千五百元，至一八〇〇年，始達三萬元之額。

按諸昔時情形，徵稅機構未完備前，招辦餉碼，爲最易運用之辦法，然此種制度亦常遭抨擊，證之日後新嘉坡之情形，卽可瞭然，蓋承包餉碼者，如不能斂取錢財，必向政府請求減低各約所訂之數目，致稅收無形低減；反之，彼等獲得鉅額盈餘時，決不致慷慨多付，結果政府應得之稅項，又無形中落入他人囊中，故在檳榔嶼承包餉碼者，常獲利鉅萬，而政府之收入反不多。克勞福氏（Crawfurd）於一八二五年曾自歐洲發寄一函，對於此節，曾加討論，謂彼所倡立之執照制度(System of Licences)似較檳榔嶼之招人包辦餉碼，成績優勝，並舉例指示，謂檳方之餉碼，承包者僅付與政府七萬二千元，而彼本身之盈餘竟達一十八萬六千元，卽此

一端，可見其他矣。

上述函中尙有論及關於檳榔嶼收入之其他各點，頗饒興趣，謂其時檳榔嶼之人口，達五萬五千人，而新嘉坡之人口，僅一萬二千人，但以新嘉坡之居民多爲華人，其生產能力，較吉寧人爲強。蓋檳城自餉碼而得之稅收爲七萬二千元，而星洲之稅收則達七萬五千元左右，故筆者建議檳城亦應採用執照制度，以代替現仍沿用之包攬餉碼辦法。蓋執照制度之生產力曾在星洲試驗已獲成功，當其引用於檳城時，亦必能得相似之效果，且以人口比例，檳城之稅收如按星洲之數額比例之，應達三十五萬元之鉅額也。克氏更以爲檳城政府對於歐美各種酒品，以及豬肉與葱葉等，征收稅餉，其生產力量未必可觀，而徒引起人民之厭惡云。

總之，凡關於檳榔嶼政治之評論，均可於樂安雜誌中見之，其題目爲新嘉坡評論（Notes of Singapore），吾人閱讀後，必能深信新嘉坡開埠之初，其征稅方法實較在檳榔嶼沿用多年之舊法進步多多，其效果大，生產力量強，若以二殖民地之人口互比，則相去更有天淵之判焉。

關於關稅問題，吾人不宜遺忘者，則爲東印度公司曾訓令賴德應以檳榔嶼爲自由口岸，不宜徵收任何關稅，以阻礙當地之轉口商業，而使荷屬各地繁榮，蓋公司之希望，乃在吸集馬來亞與蘇門答臘之各種生產轉運廣州求售也。惟入口之貨物，何者供就地消費，何者將轉運廣州，極難判斷耳。一七九六年，麥唐納少校曾與當地各鉅商商洽增稅辦法，詹姆斯史谷德氏當然爲一主要人物。彼等反對政府有任何不利於彼等營業之政策，蓋亦當然之事，彼等所持之主要理由，謂當地政府如徵收關稅，則所有商業，將被本嶼對岸，此間無權管轄之大陸所吸取云云。實則對岸一帶狹長土地，即現在威斯來益之核心地點，經被劃歸檳政府管轄。商人既無反對之可能，政府乃於一八〇一年徵收錫與胡椒，檳榔等土產之進口稅，值百抽二。當時尚無徵稅機關之組織，李氏祇得仍用招辦餉碼辦法，凡出價最高者得標。政府所希望之稅額，僅爲五千元，但當一八〇一年六月，李氏呈報加爾各答政府時，曾有如下之陳述：

『出谷慈公司現已爲承辦餉碼者；該公司投標之價格，高至一萬二千三百六十元；惟據探悉，該公司將在任何情況下，必須奪獲此標，以遂其雄霸商場之志望，故標價雖高，而關稅收入之眞正價值若何，仍難予以確斷也。』

其後一年，當局有鑒於入口稅餉由人壟斷，足以影響市場而妨礙一般商賈，乃決意取消而以胡椒與他種土產之出口稅代之，行政長官並薦任一稅吏，專司其事，顧此項任命，未邀上峯批准。蓋由於公司董部未能明瞭檳城實況，亦不知當地政府之組織中是否有收稅之工具耳。故於一八〇五年公司董事會組織新政府而發之公文中，其第五十二節稱：此後關稅不宜再收，但所有在稅關之服務人員當仍予維持。其後於一八〇五年十一月十二日，新政府呈送董部之第一道公文中，其第五十七節，對於此點，曾予辯正，謂『所有公等之稅收，向由一「包稅頭目」(Farmer)代爲徵收』云。

按一八〇四年，全年收入總額共計七萬五千元，均得自各種餉碼及出口稅，有如上述。較於全年支出，則超過收入約十萬元之譜。

迨一八〇五年，本嶼商業漸趨繁榮，公司當局對於建築軍港之計劃亦甚切，而前任駐劄官法夸爾氏(Farquhar)所持之樂觀論調，益使公司諸公興奮，而思有以整頓之，於是下令禁止土地之再行撥讓，且彼等深知有採取適當步驟以增加收入之必要，乃命令新政府不得再將土地任意劃讓歐人，務須先得彼等之同意，且所有土地之讓與，應採用租借制，期滿之後，須另納租金，始得續租，而地租亦應視出產之數量而遞增。彼等更擬撥給勤苦耐勞之華人以小規模之耕作區，以從事生產。至於一切未耕種之荒地，董事會認為應由政府保管，蓋彼等猶以為當日發契之時當附帶有必須耕植之條文也。尚有本嶼盤剝重利之交易，亦應切實調查禁止。

上述措施，固稱明遠，然而木已成舟，補救無及，本嶼政府之官舍，猶須向史谷德氏賃地以建，其他可以想見。所有土地均經撥出，蕩然無存，公家應用，反感棘手，史谷德氏與其各股東，均擁有令人驚異之巨產，各股東尤以台維德勃朗(David Brown)氏最為富有云。

不特此也，土地政策之不良，固有損政府之主要資產，實則政府各部門之工作，無一能上規範，各項政務，均感落後，公路既不多，公共建築更寥若晨星，無醫藥設備，無徵稅機關，維持治安之費用極感缺乏，堪稱法紀全無。然而此種雜亂無章之政治維持將二十年，經費雖極度節省，而公司仍損失不貲焉。

一八〇五年，新政府成立，除布政司外尚有參議(Councillor)三人與其他官員十一名，均支厚薪，如湯姆斯萊佛士氏(Thomas Raffles)（註五）與非立浦斯氏(W. E. Phillips)等均是。故行政費用之浩繁，較任何時期爲甚，顧當局仍以爲稅收可以增加，公司之商業可以發達，必能彌補不足。其後公司服務人之私人企業，果被制止，於是董事諸公，又懷厚望，認爲『威爾斯太子島現在費用雖鉅，將來因建設之故，支出或更浩大，但必有彌補之方；』彼等更指示『胡椒及本嶼其他出口貨物，以及自歐洲運來之貨物，能由公司順利經營，使商業臻至繁榮之境，則將沾益無窮矣。』

董事等更以爲關稅餉碼，將來必能大量增加，故訓令新政府建議良策，以供參考，不幸彼等之希望，結果又成泡影。（註六）

當檳榔嶼新政府成立之際，官員都自印度政府遴任，對於當地情形泰半未能熟悉，以與資本雄厚經驗豐富之史谷德公司相頡頏，直如以卵擊石，雖史谷德氏於一八〇八年遽爾去世，但其權益經移轉與在世諸股東承受，中以台維德勃朗氏(David Brown)爲首，此公極有才幹，爲一企業專家，故殖民地之土地，仍繼續轉入其手，與史谷德氏在世時無異。當台氏於一八二五年去世前，其財富與島上可以耕種之地產，爲數驚人。公司諸董事痛惜收支不敷之數，年有增加，乃亦莫奈之何。迨新嘉坡殖民地之行政新制，以適合經濟原理而成功後，彼等始感覺檳榔嶼之龐大行政組織，有緊縮之必要，乃將首府移至星洲。

萊佛士氏之處境，實與賴德氏無異，彼對於新嘉坡之計劃，亦未得上峯之熱烈贊助，繼彼乃一富有經驗而不同凡響之治吏能手，且因在檳榔嶼政府任僚佐有年，洞悉威爾斯太子島政治不良之弊病所在，故其治理星洲，收入雖亦不多，而能妥爲支配，未使董事諸公，蒙受歲虧之損失也。

在一八〇五年檳榔嶼省區制未產生以前，政府各部門之工作若何，本節擬予以簡略之敍述。除土地政策與歷年收入兩問題，已於前文申論外，玆可得而言者，厥有三端：一曰法律與警務，二曰醫務，三曰公共工程，當分述於左。

(A)法律與警務

檳榔嶼於馬寧頓（見前）未來以前，無正式任命之推事（Magistrate），惟馬氏來嶼不久，卽逢賴德氏之死，後又忙於署理督辦之職，迨賴氏之繼任人麥唐納少校蒞任，彼始解除其署理之職務。至於正式之審判官(Judge)，則在一八〇一年狄更斯氏(Mr. Dickens)未奉委前，倘付闕如。當狄氏蒞檳之際，實亦無法可司，且亦無正式之審判廳以執行司法事宜。厥後至布政使李斯任職時期，本嶼急需一法庭，而仍未有此項建築。根據昔時測量簿籍，則知檳城最初之法庭，似在法奪爾街（Farquhar Street）與蓮花湖（Leith Street Ghaut）之轉角，其地乃屬賴氏之寡妻馬典娜（Martina）者。其後在現今法庭毗鄰之址，亦有一法庭之建造。

一七八七年，印度總督論及威爾斯太子島之警務問題時，謂：『彼既未獲得歐洲方面所賦予之權力，自不能任意訂立永久性之警務條例，故認爲此事應由賴德氏處理，彼當謀所以維持該殖民地治安之方，並可拘捕或責備英籍人民以外之各色人等。惟遇謀殺案件，當屬例外；設或有謀殺案件發生，總督認爲必須以最公正而無可訾議之刑罰以處置之，故應授權賴德若組織五人以上之軍法裁判庭，其中應包括軍官及最受人敬仰之市民，以審詢並判決所有英籍人民以外之犯謀殺罪者。」

自狄更斯氏於一八〇一年十月一日呈總督之函中觀之，當時治安似由州長（The Provost）維持，佐以警長一名，士警五名，另有華人甲必丹，各有土警五名，負責治理其本籍人民。州長一職，似將知州(Sheriff)，獄吏(Goaler)，驗屍官(Coroner)，衛戍官（Constable），行刑官(Bailiff)與警官(Officer of Police)等職混在一起。一八〇一年，以一人而兼上述數職者爲勃朗氏(Brown)，彼復兼評議會之總務。初，州長之職，向由一軍曹長(Sergeant-Major)署理，而實際上維持法紀者爲亞洲各籍人民之甲必丹，彼等有權審判案件並指揮警察焉。

在麥唐納氏治政時期，監獄之設備，極爲簡單，僅有設不適風之幽室二間，位於市之中區。一八〇七年，政府監獄始遷美芝街(Beach Street)之內側，在本頭公巷(Armenian)之南，沿街地面之廣袤凡九十呎。

由上述各節觀之，昔時各種紀錄中，滿充誹怨之詞。謂歐洲僑民之秩序，難以維持，實亦不足爲怪者，蓋所謂歐僑者，常玩弄法律於股掌間也。

(B)醫務

檳榔嶼於賴德氏在職時，似曾有一種臨時醫院之設置，位於北海岸，即今東方大旅社(E, & O. Hotel)之原址。惟據麥唐納氏之報告，則該院似又非一適當之建築，故當李斯氏任職時期，正式醫院之設立，仍極迫切。按麥唐納時代之丹戎（當指喬治鎮），實爲一帶沼澤之地，聚居其地者多爲亞洲籍民，密處一隅，污穢不堪。當時歐僑居處，亦均雜處於丹戎濕地，蓋欲與市廛毗近之故。麥唐納少校（註七）深信鄰境峇都烏本(Batu Uhan)爲一極優良之住宅區，故認其地爲一『未來之市鎮』。然而彼所預言者，亦竟未見後效，遷移住宅區至一較高爽地區之議，所以失敗之由，顯然因公路交通之不發達，以及土地之任意撥讓，不留後步，以待將來發展之故耳。

十八世紀之醫學，當不能應付一切熱帶病症，且本嶼初無正常醫務人員。至一八〇五年，新政府成立，始聘有醫官一名，助理醫官二名，僅此而已。（註八）布政使李斯，雖感覺醫院需要之迫切，但對於醫務人員之培養，未嘗注意。據麥唐納少校之報告，當時因市鎮地位與環境之不良，使低下階層之人民，死亡疾病，倍見增加，尤以華僑爲甚。卽歐僑亦未嘗獲免，閱者如能查閱一八三〇年出版之華德醫生(Dr. Ward)對於本嶼衛生狀況之報告，卽可知歐洲人之死亡率爲如何矣。尚有古墓舊塚亦常能給予吾人以可驚之證據，明示有甚多歐人，死時年未三十。

由於疾病叢生，故看護婦極感缺乏，尤以歐籍婦女缺少之時爲甚。其最令人驚異之事實，爲當時評議會之會議錄中，有議案一宗，建議因停泊港內各船隻中，病者過多，擬調罪犯充當看護云。

(C)公共工程

本殖民地開闢後之十五年間，堪稱全無公共屋宇之興建，蓋其時縱有建築之定策，亦無適當之地基，仍難濟事也。法夸爾氏任職期間，爲建築政府官舍，不得已向史谷德氏租地一方，由此可見一斑。

公路之缺乏，亦爲無可掩飾之事，至一八〇七年，政府始計劃開闢公路數道，設置橋樑，通至內地。此項工作之得以成功，實由於監犯之助。查十九世紀之初年，喬治鎮之各街道盡爲沼澤之區，迨約翰勃朗氏蒞任，乃始徵用一部份監犯，並得評議會之指導，逐步修築並敷設溝渠，每當雨季，始免步履艱難之苦。

結論

綜上各節所述，吾人可得一結論，即賴德氏縱能迅速獲得令人驚異之成功，乃彼所採取之種種計劃，實足令繼其任者倍感棘手也。殖民地驟然開拓，以經費不足，遭遇嚴重之困難，政府各部門之工作，無從作有效之發展，而本嶼之一切，竟爲一勢力雄厚之商業公司操縱自如，勢將成爲其囊中之玩物。更進一步言，則縱令賴德氏左右多輔佐良才，爲彼計劃政府各部之工作，並有充分之款項以爲背景，然而移民之入境，如潮汐之狂奔，賴氏恐亦難有應付之良方也。蓋一地之發達須積年累月，不可求之過急，若政府採用一種比較謹慎之土地政策，則本嶼之發展雖較遲緩，但必能建立穩健之礎基，須知公司之主要業產，爲檳榔嶼之肥田沃土，良好港口，與乎優勝之地位，足以充當鄰近各國物產之市場也。公司擁有若是之資產，倘復加以健全之政府，則縱欲求威爾斯太子島不成一良好之屬地，亦不可能。董事諸公試驗之結果，所以感覺失望者，實由於最初二十五年間，吝嗇而腐敗之政治。其土地政策，無異將檳榔嶼之沃土，拱手送與一家商店，坐視其任所欲爲而盜獲得鉅金，不受稅賦之限制，夫復何言！

（註一）本文參考資料，大都得自樂安雜誌(Logan's Journal)之檳榔嶼雜記 (Notes on Penang)，間亦有摘錄檳榔嶼土地局之檔案者。

（註二）史氏爲蘇爾德。史谷德爵士 (Sir Walter Scott) 之堂叔，其父即華爾德爵士祖父之弟。

（註三）「丹戎」即馬來語之海角，此處當係指檳城市鎮所在地，按閩潮迄今仍有稱檳城爲丹戎者，參閱本書釋名一節。

（註四）指檳榔嶼劃爲印度省區後之政府。

（註五）此公即日後開闢新嘉坡之爵爺斯史丹福萊佛士爵士 (Sir Thomas Stamford Raffles)，時以東印度公司之初級商務員 (Junior Merchant) 銜，任檳榔嶼政府助理祕書職，年俸一千五百磅，一八〇七年擢祕書職，年俸二千磅。

（註六）自一八〇七年至一八二六年，檳榔嶼政府實徵收出入口稅，根據樂安雜誌第四卷劉上校 (Col. Low) 所著卷六甲海峽不列顛殖民地之緣始及發展紀(Account of the Origin and Progress of the British Colonies in the Straits of Malacca)。此項關稅收入最初似甚可觀，但逐步下降，至一八一一年以後，每年降至十萬元以下，且有繼續下降之勢，尤其在本時期之末，新嘉坡成爲自由口岸，益使檳榔嶼之商業，深受不良影響，至於本嶼餉碼收入，原與關稅不相上下，但其後亦逐漸降落云。

(註七)麥少校曾得李斯爵士之優等獎憑，譽爲幹練多才，亦誠服務之親民良吏，對於本嶼之繁榮，曾多方協濟云。

(註八)按當時載籍所誌之唯一醫生，爲胡頓醫生(Dr. Hutton)，因診治罪犯而得政府補助。

附　檳榔嶼現行政制

檳榔嶼爲海峽殖民地之一州，其行政長官爲參政司(Resident Councillor)，職位僅次於殖民地總督與輔政司(Colonial Secretary)，彼爲海峽殖民地立法會議(Legislative Council)與行政會議(Executive Council)之當然議員。

司法方面，除重要案件由海峽殖民地高等法院審理外，檳榔嶼尚設有地方法庭二所，一審刑事，一理民事，各由地方法官主持之，並兼理威斯利區之案件，此外設警庭以理違犯警章之較輕案件。庭額無定，由總督視當地情形而增減之。另設驗屍庭一，審理一切意外喪命及有意外喪命嫌疑之案件，驗屍官由總督委派。尚有太平局紳(Justices of Peace)，亦爲輔助辦理司法事宜而設，但太平局非法庭，無權審理任何案件。

市政方面，設市政廳辦理之，亦稱工部局，以主席一人與委員十二人組織之。主席爲海峽殖民地文官之一，委員係由總督委派，但實際上乃由各商業團體舉薦者，如英國人商會與中華商會等均有資格推選。

海峽殖民地政府因各州華僑衆多，特設華民政務司以處理一切有關華僑之事務。其總署設在星洲，檳榔嶼則設華民護衛司署，以護衛司（Protector of Chinese）與副護衛司（Assistant Protector of Chinese）各一員主持之。

海峽殖民地政府設華文副提學司（Assistant Director of Education, S. S.）一員，秉承提學司與華民政務司之命，管理華僑教育行政事宜，由英人任之，其下設視學官與視學員若干人，均由華僑任之，檳榔嶼有視學官與視學員各一人。

除上述各公署外，尚有辦理警務之警察廳，隸屬於殖民地警察總監之下；辦理稅務之副稅務司，隸屬於殖民地稅務司之下；辦理郵務之郵政局，隸屬於馬來亞郵電總監之下；蓋檳榔嶼為海峽殖民地次要之一州，故其一切機關均隸屬於星州總署之下也。

七七

五　華僑

凡研究南洋問題者，每以論列華僑爲難事，揆其原因，要由於材料之難得，或所得而不甚可信耳。宋旺相之新嘉坡華僑百年史（英文本），敍述甚詳，然因一切專名，悉用拚音，遡原困難，此其缺憾。溫雄飛之南洋華僑通史，內容蕪雜，考究未精，略可參考。獨檳城之華僑，迄今無人著爲專文以供於世者。爰特蒐集所知，纂成斯篇，聊備留心僑務者之借鑑焉。

檳榔嶼在英人開闢之初，僅有中國及馬來漁夫五十八名，嗣後日漸增多，至一七八八年時即逾千人，其中吾僑約佔四百。乾隆末，謝清高南遊過檳榔嶼時，謂「閩粵到此種胡椒者萬餘人」，具見吾僑之盛，自一八一八至一八六〇年之吾僑人口，已詳載於本書第三節地誌中，茲所示者，僅最近四十年吾僑之人口：

年別	人數
一九一一	一一一、七三八
一九二一	一三五、二八八
一九三一	一七六、五一八
一九四	二二八、〇八六

茲再就一九三一年之馬來亞戶口册，以明吾僑之籍貫，職業，宗教。

類別	男	女	共計
閩南	四五、八三九	三三、七〇七	七九、五四六
潮州	一九、二四四	九、六七六	二八、九二〇
客家	一一、一七〇	六、五三四	一七、七〇四
福清	四二一	二八三	七〇四
廣府	二三、〇〇九	一八、〇三二	四〇、〇四一
海南	四、三四九	一、[illegible]一[illegible]	五、三五九
福州	一、四五九	四二八	一、八八七
廣西	三[illegible]五	一七	四一二
其他	一、一八九	七五六	一、九四五
總額	一[illegible]、九八五	[illegible]、五三三	一七六、五一八

上明籍貫，

類別	男	女	共計
農漁		一八、四四〇	

三三一

農	五二一
賣貨業	一二、三三三
運輸業	七、三
商金融業	一八、五五五
公務員	一一〇
自由職業	一、七七五
僕役	八、一八三
其他職業與年老無業者	一〇七、四九一

以上所職業，

類別	男	女	共計
基督教	二、八五	一、五七一	四、四五六
回教	一四五	六八	二一三
其他宗教	一〇三、七五五	六八、四九四	一七二、二四九
總額	一〇五、九八五	七〇、五三三	一七六、五一八

以上明宗教。一九四〇年人口，無分析之表，惟可依此推算之。再威斯來區之華僑，悉列入上表中，此不可不知者也。

關於檳城華僑，其見於吾國載籍者，有二事可引：據馬建忠適可齋記行云：「埠（檳城）中舊理瑪克奈（MacDonald）開。本埠無西，盡係華民。華民中顏、邱、胡、林諸姓，類皆生長於斯者也。其祖若父，率自瓊州來，東北得風至暹羅，越嶺而來，無逾一旬，亦間有至新嘉坡紆道至此者。因問伊等何無首邱之情，答以彼之祖父，偷越至此，本干中國海禁，今則海禁雖弛，而彼等已半入英籍矣。」今檳城顏邱二姓，仍係大族，可為□證。按本頭公巷（Armenian Street）之龍山堂，即係邱姓宗祠，其建築之富麗堂皇，推馬來亞第一，於此具見邱姓之雄於財焉。又張德彝四述奇云：「余抵嶼，僱小舟上岸，聞人言，邇來各處華商，公立一黨，名「奚榕那搜賽伊的」（Secret Society）（按指天地會或三點會等），譯言號黨也，彼此保護，與外邦訂立義海黨（Free Mason）（按即共濟會）同，然愚頑性成，多未歸化，有離華二三十年未歸者，有生於外邦，而未到中國者，有歸英屬而不改裝者，此輩若來中土，無事則爲華人，遇事則曰英屬，誠一隱患也。如有領事駐紮，能令歸英者改裝，則華英判然矣。」按檳城之有我國領事署，約成立於遜清光緒十六年間（一八九〇年）。是年即派張弼士振勳爲首任駐檳領事，其人頗有大志，事業恢宏，吧城、日里、檳城均置鉅產，煙台張裕釀酒公司亦爲其手創，旋任新嘉坡總領事，清廷賞以頭品頂戴，授以太僕寺卿，實可爲僑界中之傑出者也。繼張振勳而爲檳城領事者，曰張煜南榕軒，其人與弟鴻南耀軒，共輯海國公餘輯錄一書，都凡十卷，頗可參考。此後之領事，曰謝春生、曰梁璧如、曰戴春榮、曰戴培元。國民政府成立後，則有楊念祖、謝湘、呂子勤、黃延凱、葉緯等任領事，延凱爲公度之孫，馬來亞淪敵後已回國矣。在光緒二十九年（一九〇三），張弼士戴欣然等，復創設中華總商會於檳城，至光緒三十三年（一九〇七），張弼士、張煜南、謝榮光、鄭嗣文、張鴻南、戴春榮等運興建極樂寺於亞依淡，遂成嶼中勝蹟，至今勿替。

檳榔嶼之華僑教育，亦頗發達。中等學校有五，鍾靈中學其最著者也。該校創於民國六年，至十二年始改中學，今且辦高中，學生幾千餘人，教員六十人，係檳城閱書報社諸同志所與辦者；其次爲中華中學，成立於光緒二十八年，今有學生七百餘，教員三十餘，此外爲福建女校、福友女校、協和女校，則均附設師範班，負造就當地小學教師之責。據一九三八海峽殖民地政府之統計，檳榔嶼共有華校一百零三所，學生一萬三千餘，較之十年前進步甚多，而英政府津貼，亦年有增加，茲列表於次，以供關心僑教者之參考。

十年來檳榔嶼（包括威斯來區）華校狀況比較表

年別	學校數	學生數	教員數
一九二九	八九	七、一一一	二八六

一九三〇	九一	七、四[illegible]	三〇九
一九三一	七六	六、八〇[illegible]	二八一
一九三二	七〇	六、八一〇	二八八
一九三三	八五	八、一九一	三三一
一九三四	八三	[illegible]五九	三八三
一九三五	八三	一[illegible]、二六一	四三〇
一九三六	八七	一[illegible]、八五五	四七二
一九三七	九三	一一、八七[illegible]	五[illegible]七
一九三八	一[illegible]	一三、五八六	五八四

十年來檳榔嶼華校津貼金額比較表

年別	受津貼學校數	津貼金額（叻元）
一九二九	一二	二一、三二一．
一九三〇	一四	二七、一五[illegible]．〇〇
一九三一	二五	三五、五四三．〇〇

五　華僑　八三

一九三二	二四	三三、六八九・〇〇
一九三三	二五	三一、八七三・〇
一九三四	二三	三四・七四 ・〇〇
一九三五	二二	三四、九六九・七五
一九三六	二六	四九、〇七八・九六
一九三七	三四	五七、三七八・〇〇
一九三八	三七	六三、一五二・五〇

檳城在十餘年前，本有華文報三家，曰檳城新報，曰光華日報，曰南洋時報。後者於民國十七年違背當地律例，勒令停刊，至民國十九年遂改爲國民日報，再出版，旋以資本缺乏，半月即停。民國二十年後，復有電訊新聞及中南晨報等相繼出版，均以資本關係，不及一年，各自停止。至民國二十五年，檳城新報歸併光華日報，是年復有現代日報發刊，此係小型日報，晨夕各刊一張，以內容新穎，行銷頗廣。民國二十八年復有星檳日報，因印刷佳良，消息靈通，頗得士人稱許。截至日寇南侵前止，檳城計有華文報四家，即光華、檳城、現代、及星檳是也。而現代日報更出現代周刊，行銷之廣，在馬來亞發行之雜誌中推爲第一云。

南洋革命策源地，首推檳城，而所恃爲鼓吹利器者，實以審報社爲樞紐。審報社之成立最早者，即爲檳城之閱書報社，時民國前四年十一月十三日也。此社之中英文名，均爲孫總理所手定，其英文名曰 The Philomathic Union，意爲互相好學也。發起者共二十五人，吳世榮、黃金慶、陳新政、邱明昶諸員爲著名。社章爲今傀儡汪精衞所起草，尚保存於社中。此社成立後，鼓吹革命甚烈，光華日報、鍾靈中學均爲此社所產生，有功文化，良足多矣。年來主持社務者，爲許生理、劉玉水、王景成等。日寇佔領檳城時，逃出虎口，安返還鄉者，僅許生理一人而已。許君即第三屆之參政員也。此外尚有一社團，注意體育遊藝，亦知名於時，此即麗澤社是，該社所辦之小學，名麗澤小學，分五校，學生達二千餘，乃檳城小學中之翹楚也。

附錄一　鄰邦考釋

一七八六年七月十七日賴特氏(Francis Light)在檳榔嶼登岸。隨後即以環檳之鄰邑及其物產現狀，附於是印度總督康華理斯(Charles Cornwallis)(其任總督之時期爲一七八六至一七九三年)之公文內，轉告其友人鄧達士(Philip Dundas)(其人於一八〇五年爲檳城省區之首任太守)，時爲一七八九年之一月七日也。現此項通路之文件，已由皇家亞洲學會馬來亞分會(Royal Asiatic Society, Malayan Branch)會長胡榮伯(C. E. Wurtzburg)(其人於一九三六年任會長)檢出，刊載於一九三八年第十六卷第一分册之分會雜誌(Journal)中。余即依原文次序，略加考釋如後。

暹羅一名正式成立，當始於一三四九年，即羅摩提婆多(Rama Thivata)一世創建大城(Ayuthia)之時是也。島夷誌略暹國條內，謂至正己丑五月降於羅斛，亦即指此。蓋暹羅原分兩國，在北者曰暹(Siam)，在南者曰羅斛(Sopburi)，至是始合併爲一耳。周達觀於元貞乙未(一二九五年)六月奉使眞臘，至大德丁酉(一二九七年)六月回舟，所著眞臘風土記一書，頗爲翔實。於該記中有云：其國(眞臘)北抵占城半月路，西南距暹羅半月程，南距番禺十日程，其東則大海也，觀此，則暹羅一名在一三四九年前，已有著錄。綜此種矛盾，不難解釋。暹與緬甸互爲毗鄰，男女衣著兩國又同，土產亦多相似，暹與吾國往來甚密，暹緬則較疏，故會稱暹羅，自在意中。不過遠觀之前，是否已有暹羅之名，則不得而知矣。據賴德氏言，暹羅於一七六六年爲緬人所毀滅，至一七六七與六八年間爲 Pia Jac 所恢復。此事核之緬甸史書頗能符合。查緬人圍困大城計有六次：第一次在一五四八年；第二次在一八六四年，大城陷落；第三次在一五六九年，大城亦陷；第四次在一五八七至九三年，屢圍屢未成功；第五次在一七六〇年，第六次在一七六七年，大城毀滅。迨一七六八至七五年間，始由 Paya Tak 將緬人驅出於暹羅之外，暹羅由是復國，以後暹人再侵入緬甸矣。賴氏所言即指第六次。至 Pia Jac 即爲 Paya Tak，亦即 Phraye Jao Tak（佛爺昭達）。質言之，即暹王鄭昭是也。國人稱乾隆四十三年（一七七八）鄭昭再興暹羅，建都盤谷（曼谷）實誤。賴氏又謂：暹羅在兩班御人物下，藉臨時法律以統治之，一即暹王，一係王之昆仲。其主要之商務即對中國。現與阿瓦（Ava）（爲一二八七年後緬甸之首都，元史稱阿禾）戰。目前暹羅需要蘇剌（Surat）（印度西岸）之布疋，年達六至八萬元。（此當指西班牙幣，一元約值四先令。）

眞堵漦里，賴氏寫作 Chantebon，實即 Chantabun，今稱 Chantaburi，吾儕呼曰尖竹汶，爲暹羅一府。據賴氏所記，謂眞堵漦里係暹羅之海口，處柬埔寨邊徼，昔與中國貿易，今其出產盡運曼谷（賴氏作 Bancock）(Bangkok)。土產：米，胡椒，上等象牙，藤黃（賴氏作 Gamboze，實則 Gamboge，藤黃樹之學名爲 Garcinia hanburyi Hook, f. 係柬埔寨與暹羅羅最著名之產物。在眞臘風土記中作畫黃或蟄黃，實卽藤黃），沈香（賴氏作 Agala，其學名爲 Aquilaria agallocha, Roxb），紅木（賴氏作 Redwood，實卽蘇枋，其學名爲 Caesalpinia Sappan, Linn，馬來人稱 Sepang，暹羅稱 Fang），烏木，籐，打麻兒（賴氏作 Dammer，實卽 Damar，乃一種樹脂也），油，臘。另有一地名芝隆（賴氏作 Cherong）者，殆係東埔寨西境之 Cherum，因於一七六六年受鄭昭之征伐，其地已不重要云。

斜仔卽諸蕃志中著錄之加羅希（Grahi）。今稱 Chaiya。賴氏寫作 Chia，謂暹羅之西府。查其地在暹屬馬來半島東岸，而吾儕則恆稱爲猜蓬（Champon）（Chumpon）一帶曰西府（斜仔猜蓬），此殆因在暹羅京城之西耳。賴氏所謂西府，當亦此理。土產：木棉，染料，燕窩，乾鹹魚，小蝦，又織絲綢與棉布。其地於一七八七年時爲緬人所侵略。

宋卡（Singora）（S ngkla），賴氏作 Sangora，卽鄭和航海圖中之孫姑那。許雲樵考爲赤土之首都在此。暹羅封吾僑吳陽王其地，世稱吳王。王曾築海鎭一城，今殘毀殆盡，但遺蹟尚在，足供吾人回憶，賴氏謂宋卡爲北大年（Patani，賴氏作 Pattany）之海口，今臣服於暹羅，居民以華人爲主，可見其地吾僑之盛。馬六甲半島（卽馬來半島，西人昔日恆用此稱。）之土產，薈萃於此，運往中國。故其地有如馬六甲海峽中陸路之轉運點也。

北大年卽明時所稱之大泥。在鄭和航海圖中有一地名狼西加者，介於西港與孫姑那間。西港係 Sai（Saiburi）河之音譯，其名與爪哇史詩（Nagarakrtagama）所載者合，今稱蠻牛河

(Sungei Telubin)。狠西加世人均謂爲梁之狠牙修，然其地位必爲北大年無疑。由是可知，古之狠牙修實跨有馬來半島東西兩岸之地也。據賴氏曰：北大年爲暹人所毀滅，居民分散，產象，牛，象牙，蠟，金，奴隸，蜜，又織絲綢與金色之布。其地與吉打（賴氏作 Queda 卽 Kedah），丁加奴（賴氏作 Tringano 卽 Trengganu），及宋卡貿易。

六坤或稱洛坤，賴氏寫作 Ligore，今西書中通作 Ligor。據伯希和言，此字係由梵文 Nagara 轉變而成，義卽城也。宋時之丹眉流，單馬令，元時之丹馬令，均爲 Tambralinga 之對音，亦卽指此。今地圖上作 Nakawn Sritamara（暹人作 Lakhon Sri Dharmaraja）意爲吉祥法王城。賴氏曰：六坤係一海口。一王國，屬暹羅。爲鄭昭所征服。緬人亦曾入侵，其地之主要貿易卽與華人及 Zueda 人來往。產金，錫，象，米，象牙，蠟。現在衰敗中。賴氏所言之 Zueda，當源於阿剌伯文之 Zuada，解爲糧食糕餅，此處殆卽指阿拉伯人也。

丁加奴卽諸蕃志中之登牙儂，在鄭和航海圖中卽作丁加下路，世人不察，假以「加下」分作兩字，其實卽「架」字也。此因彫板時之錯誤耳。故丁加下路卽係丁架路。賴氏曰：丁加奴係馬來口岸。主要貿易對中國，產胡椒，金及錫若干。每年出口貨達西班牙幣三萬元。

彭亨（Pahang）在吾國載籍中或稱蓬豐，或彭坑，或彭杭；葡萄牙人常寫作 Pan Pam 或 Paam 等。查 Pahang 一字係吉蔑語（Khmer），解爲錫，名之起源，卽基於此。賴氏曰：彭亨係馬來口岸，產金，歸柔佛王管轄，但常變化不定。

柔佛(Johore, Jcbor)賴氏作 Johore，葡人常寫作 Jor。查 Johor 一字之起源，計有二說：一謂源於阿剌伯文之 Jauhar，意爲寶石；一謂源於爪哇文之 Galoh，(註)亦作寶石解。然在印度斯坦語(Hindustani)中，Jor 之一字解爲「連接」，由是可轉訓爲海峽，柔佛與新加坡間之柔佛海峽，自可以 Jor 一字當之，故余謂柔佛之名或源於 Jor 也。況十六世紀之葡人卽用此字乎。賴氏謂柔佛爲荷蘭人所毀破，產西穀米(Sago)，全國狀況常在不定中。

廖內(Riau, Rhio)，賴氏作 Rheo，係兵打島(Bintang)之口岸也，屬柔佛，爲荷人所佔，後爲馬來人恢復，地方殘破，現荷人建要塞於此。地無物產，僅植 Gotta Gamba。此口岸於一七七〇年後始趨重要，其時有 Raja Soyad 及 Raja Hadejee 者駐此。於是武吉斯人(Bugis)(賴氏作 Buggess)之船隻遂蜂擁而來矣。今凡駛往中國之賈舶，亦輻輳於此。賴氏之所謂馬來人當卽武吉斯人，海錄作無吉子。十八世紀初年，武吉斯人卽雄稱於廖內，柔佛且受其所制，幷屢與荷人戰。而廖內惟一之產物 Gutta Gamba，亦由武吉斯人導入，今稱甘密(Gambir)，其學名爲 Uncaria gambir, Roxb，卽充染料與藥用之物也。Soyad 當係 Sayid 之訛，解爲回教哲人，惟該王無考。Hadejee 卽係 Haji(哈只)，該王驍勇善戰，世稱無敵，於一七八四年與荷人大戰於馬六甲，終至陣亡。荷人搜得哈只之屍體後，將其葬於聖保羅山(St. Paul's Hill)麓。按廖內或作料嶼。

英得其利(Indragiri)，賴氏寫作 Andiagery，係蘇門答臘東岸之一河，馬來人常來此貿易。

祇產黃金，查 Indragiri 係由 Indra 及 Giri 兩梵字合併而成，前者譯爲「因陀羅」，義爲帝王，後者解爲山嶽。簡言之，帝王山是也。余疑此名，更與「因陀羅補羅」(Indrapura)(帝王城)有關。

硯坡(Siak)亦係蘇門答臘東岸之大河，適與馬六甲隔峽遙對。產金，蠟，西穀米，楠木。其地與馬六甲有相當之貿易。

賴歷氏著錄 Battubar 一名，使余頗感興味。查其地介棉蘭(Medan)與亞沙漢河(Assahan)間，今地圖上作 Batoe (Batu) Bara，意爲蕭石。在一九〇一通報第二卷中，載有史來格(Gustav Schlegel)考證錢塔之莫訶信一文，謂其地既非馬辰(Bandjermasin)又非高楠順次郎所言之摩訶至那(Maha-Tsina)，蓋後者即梵文之中國也。史氏之意，謂在蘇門答臘東岸 Batu Bara 州內有一村曰 Boga 者，或即莫訶信是。至 Batu Bara 則在亞沙漢之北，其地有一河同名，該地人口衆多，內地住峇答人(Battak)（即花面國人），沿海居馬來人，與檳城，馬六甲商業甚盛，有一次有船舶六百運貨。出口貨爲籐，鹹魚，馬，絲織品等。又女奴所織染之布，亦有出口。惟據賴氏之記載，謂 Battubar 係一馬來口岸，常有盜賊光臨，產籐，臘與胡椒。總之，Battubar 確係 Batu Bara，而莫訶信當爲著錄於十一世紀爪哇碑銘中之 Hasin，意爲「鹹海州」，其地殆今之新加坡也。

冷吉(Langkat)乃蘇門答臘東岸之小河也，在阿魯(Aru)之南，賴氏作 Langkatt。謂爲小口岸，不爲歐人所知。產胡椒，錫，米，及變色之黃金，與內地貿易甚便。

波隄里(Pedir)一名見黃衷海語，賴氏作 Achee Pedir。謂其地從金鋼角(Diamond Point)起至亞齊(Achcen)，爲蘇門答臘沿岸之最有價值者。此可由其種植之發達與居民之繁庶得以知之。產黃金，胡椒，米，檳榔，蠟，硫黃，安息香，油，蘇枋，沙羅木(Salar word)(此係棕櫚科植物，其學名爲 Zalacca Wallichiana, Mart.，馬來人常稱 Sala)，打麻兒及牛。僅胡椒與檳榔二者，其每年之出口額卽達西班牙幣四至五十萬元。現在內戰中，此殆指亞齊與波隄里之相爭是也。賴氏對波隄里盛稱其繁榮，但今已式微矣。

賴德氏稱亞齊爲一大海灣，王居之，乃一貿易交換之港口也。凡蘇門答臘東西兩岸之物產、薈萃於此。其主要貿易爲對 Majow 與 Porto Novo 兩地。至亞齊本國之產物，可出口者爲數無幾，但土地肥沃，耕作良善，人口特衆，遠非他國所能及。全國商務盡操於王商 (King's Merchants) 之手。按賴氏所言之 Najow，當爲南印度東岸之 Nagore (Nagar)，其他在那伽鉢亶那(Negapatam)之略北。Porto Novo 者葡文也，意爲新口岸，亦在南印度東岸，且於北緯十一度三十分之地，爲葡人所開闢。賴氏時代則已由荷人佔領矣。

賴德氏所言之 Salang，今稱 Junk Ceylon，卽謝清高海錄中之發西嶺是也。查 Ujong 一字解爲「極」或「端」，Salang 係由暹語之 Chalang 轉變而成，解爲「島」。賴氏謂該島屬暹羅，年產錫三至四千擔。居民稀少，太守駐此。港口平安，糧食供應無多，無對外貿易，年輸入鴉片，布疋及貨幣。

今之吉打，舊譯為羯茶，鄭和航海圖稱吉達港，皆 Kedah 之對音也。賴氏謂吉打為羅來沿岸之海口，產米，蠟，象，牛，錫，籐，打麻兒。又自吉打至丹老 (Mergui) 海中所產者燕窩及 Tripons，吉打亦有採集之特權，與崇卡，六坤及丁加奴交通暢達。主要貿易為對注輦 (Coromandel) 沿岸，現稍減少。賴氏所言之 Tripons 即馬來語之 Trepang 或 Teripang，乃稱海參之乾者也（未乾之海參，馬來語稱 gamat 或 bĕronok）。

霹靂 (Perak)（賴氏作 Pirac）一名，始於一五二八年，即馬六甲末王蘇端瑪末 (Sultan Mahmud) 之子蘇丹穆座法沙一世 (Sultan Muzaffar Shah I) 在霹靂登位之時是也。據說 Perak 一字源於 Barat，其義為「西」。而 Barat 則似與印度斯坦語之 Barath 有關，其義為「叢莽中之陸地」。至 Perak 本字之解釋則有種種：曰「驚嚇」，曰「襯衫」，曰「晨」，曰「銀」。世人以霹靂產錫，錫色如銀土，人誤錫為銀，遂曰 Perak，此係傳說，不可置信。據賴氏之記載，謂霹靂係位於馬六甲海峽之大河，年產錫五千擔，河旁有一荷人夷館 (Factory)。與荷人締約，祇與馬六甲貿易。

雪蘭莪 (Selangor) 即海錄中之沙喇我，賴氏作 Salengore。謂係一河，可通船舶，主產錫。初為荷人佔領，後為王恢復，現祇與馬六甲貿易，極貧乏，幾盡荒廢。

馬六甲 (Malacca) 一名，世人均知出於 Mĕlaka 樹。此樹吾國昔稱菴摩勒，乃係梵文

Amlaka 之對音。其果實曰餘甘子（Myrobalans），或稱餘甘。據蘇頌（宋嘉祐時人）圖經本草記其形態曰：木高一二丈，枝條甚軟，葉青細密，朝開暮斂，如夜合而葉微小，春生冬凋，三月有花，着條而生，如粟粒，微黃，隨即作莢，每莢三兩子，至冬成熟，狀如李柰，而青白色，核圓作五六瓣，乾即㧞核皆裂，其俗作果啖之，初覺味苦，良久更甘，故名餘甘也。又據E. J. H. Corner 之記載曰：此係小樹乃至中等之常綠喬木。樹冠優美，輕鬆，羽狀，不整齊。高可達六十呎。幹基部有瘤。樹皮微灰褐色，老灰色之樹皮剝落如長橢圓形，成卷轉之薄片，曝之則平。新樹皮淡黃褐色，內樹皮微粉紅褐色，在表面之下者綠色。小枝被有精細微褐之毛，着葉小枝長達六至九吋，幼蘖粉紅色。葉長三分之一至一吋，闊·〇五至·二吋，大部徽長半吋，闊·一吋，線形，頂尖，底圓。邊緣微曲，下面粉綠色，端褐色，葉柄甚短。花闊·一五吋，淡綠色。果實徑四分之三至一吋，圓形，多汁，堅實，光滑，熟時微綠黃色，而有淡白之條紋，平滑，味酸，常單粒結於着葉小枝之末端，因是小枝下垂。斉馬六甲樹，馬來人又稱 Kayu laka 或 Laka-laka，爪哇人稱 Kĕmlaka，蘇門答臘稱 Balaka，暹羅稱 Kaua tawt，或 Makam paun，或 Makam pawai。其正確之學名為 Emblica Officinalis, Gaertn，前字源於孟加拉之植物名 amlaki，後字係拉丁文，解為「在店中出售」或「藥用」之意。亦有作 Emblica Pectinata, Ridl, 及 Phyllanthus emblica, Linn 者，現已罕用，屬大戟科。今馬六甲暨保羅山植有馬六甲樹一株，即所以紀念馬六甲命名之由來也。婆羅門教所禁拜之茶，王(Mahes' vara)(Shiva) 後字亦可解作馬六甲樹，特不知 Shiva 與 Mōlaka 間有何關係耳。

據賴氏曰：馬六甲爲荷人主要之殖民地，除甘蜜外無他產，從爪哇，亞齊，吉打輸入米糧，以維居民食用。與碩坡有獨占貿易，從其地輸入相當數量之黃金，蠟及西穀米。蔴堂，茶，參，鹽，糖，椰子酒及粗布則從爪哇來。從吧城輸入歐洲貨品，從印度沿岸輸入布疋。從亞齊輸入檳榔，米與油，荷蘭東印度公司對錫與胡椒，完全壟斷。從中國來之賈舶，強迫停泊，在甲售貨。葡船與英船，則在甲可載食糧，木材，淸水（三寶井山），藤，杖及西穀米。荷人統治此地後，對商舶來往征稅特重，尤其對往來中國與東方間之賈舶爲然，故現已大減，今荷人僅強迫馬來人以其物產售與馬六甲而已。

丹荖與士瓦(Aiegui & Tavoy)爲馬來半島西岸之兩河，昔日英人於丹荖建一夷館，後爲法人所佔用。此兩地與暹羅沿岸有相當貿易，地甚肥沃，產錫，蠟，象牙，紫鉚（此物請參考南洋學報第一輯韓槐準紫鉚之研究一文）極多。內地貿易通暹羅。一七六六年時爲暹人所毀壞，現被暹人圍困中。

巨港(Palembang)賴氏作 Pallamban，在吾國載籍中稱舊港，古港或浡淋邦，明時施進卿，梁道明均稱王於此。賴氏謂係大河，位蘇門答臘之東南，王居之，荷人於此有一夷館，幷築一小砲台。荷人與王約，須盡購邦加(Bonca, Bangka)（瀛涯勝覽作彭家）之錫。年產錫四萬擔，胡椒一萬五千至二萬擔。僅與吧城貿易。而英人與邦加商人則常私運少量之錫矣。

坤甸(Pontianak)賴氏作 Pantiano，乾隆四十二年(一七七七)吾僑羅芳伯稱王於此。賴氏謂係大河；在婆羅洲之西南，荷人於此建一夷館。產黃金及金鋼石，僅與吧城貿易。觀此，芳伯稱王之際，荷人勢力已彌漫婆羅洲矣。

據海錄所載，謂吧薩國一名南吧哇，此係 Mampava 之對音。賴氏寫作 Mompava。其地在坤甸之北。據賴氏言，此係婆羅洲西岸之一河，亦係海灣也。一七八七年爲荷人所佔。

諸蕃志中著錄之蘇吉丹，謂爲婆羅洲西南 Sokadana 之對音，即賴氏寫作 Sacadanca 者是也。賴氏謂此係一河，近南吧哇，於一七八七年爲荷人所佔。按「近南吧哇」一語甚謬，蓋蘇吉丹在坤甸之南，南吧哇在坤甸之北，兩地相距實甚遠耳。以上賴德氏著錄之二十六小邦，史料甚多，茲文所述，僅及大概，欲求其詳，非本篇所能也。

(註)宋史闍婆傳謂象牙爲「家囉」，其名似雜譯字，實即 Galoh 之對音也。蓋 Galoh 既謂爲寶石，自係珍貴之物，象牙亦珍品耳。再此字又可訓作公主，惟今已鮮用。

附錄二　極樂寺記

檳榔嶼周四十五哩，方一百〇八哩，島中羣山鑽天，椰林蔽地，故素有東方樂園之稱焉。島之西北部有一鄉區，土名亞逸依淡（海國公餘輯錄作阿意淡）(Ayer Hitam)，義爲黑水，因其地有一小溪，溪中盡是水成岩石，或大或小，崢嶸其間，泉水流石隙，其聲鏘鏘，聽之神往。石均作黑色，故遂有作黑水之名也，溪上架一小橋，逾橋有小肆數家，販售豆蔻、蜜餞及香燭之類。前者爲檳城之名產，後者則專供遊客進香之用。過小肆，入胡文虎捐建之大門，於是拾階而上，長達數百級，階級兩旁有出售畫片，椰殼用品及玩具等之攤販數所，並有老弱殘廢之乞丐數人，蹲於階上，大有靈隱天竺之風。級盡左轉即達極樂寺之前門，入門，即爲得如，善慶及本忠三禪師所建之大士殿，出殿再緣階而上，豁然開朗，即係介於羣殿間之一大園圃是也。園中古木參天，花卉繁多，石壁之上，間有題字，并有園池兩所，位於中央，一爲貯水之魚塘，一爲乾涸之龜潭，後者畜大龜數百，尤稱別緻。遊者投銅幣兩三枚，購蕹菜(Ipomoea reptans, Poir)一束，擲之潭中，羣龜爭食，莫不引以爲樂。至於魚塘之中，魚小而少，偶或見焉。園旁有一亭，亭中豎有白鶴山極樂寺碑（碑文附後），碑上載該寺沿革，據前人稽考，推白鶴山一名，謂爲寺僧所定，蓋證之地理，山名亞逸依淡，而爲西山之旁支也。如是再循階曲折而上，可達大雄寶殿，殿爲僑紳張振勳張煜南（字榕軒，即韓海國公餘輯錄者）等六八，發起醵資建築，故殿外豎有石碑數方，刊載諸善士之姓名。殿中兩旁列有羅漢十八尊，各鐫其名於木板之上，惟核之馮承鈞所譯法住記及所記阿羅漢考一書中之羅漢名稱，略有不符。吾儕凡夫俗子，自難辨孰是孰非，茲以該書中十八羅漢之漢名及梵名，列舉於下，以供往遊者核對之用。

一、賓度羅跋囉惰闍(Piudola Bharadvaja)

二、迦諾迦伐蹉(Kanakavatsa)

三、迦諾迦跋釐惰闍(Kanaka Bharadvaja)

四、蘇頻陀(Subinda)

五、諾矩（距）羅(Nakula)

六、跋陀羅(Bhadra)

七、迦理迦(Kalika)

八、伐闍羅弗多羅(Vajraputra)

九、戍博迦 Sopaka)

十、半託迦(Panthaka)

十一、囉怙羅(Rahula)

十二、那伽犀那(Nagasene)
十三、因揭陀(Ingada)
十四、伐那婆斯(Vanavasi)
十五、阿氏多(Ajita)
十六、注荼半託迦(Cudapanthaka)
十七、慶友(難提密多羅)(Nandimitra)
十八、迦葉(Kasyapa)

大殿兩側及後方，尚有屋宇多幢，難以盡述。出殿，再循石階而上，可至一樓，樓上貯有大善士之塑像數十尊，雖無近代銅像之雄姿，但形容畢肖，似較銅像爲更勝也。於此亦可見我國藝術之精良矣。樓之兩旁，則滿列藏經櫥，覩之塵封浮面，想無人啓用之故耳。出樓再上，可至山巔，巔有一塔，常閉不啓，據說爲焚化和尚之用。由是循原路而下，至半途，向左行，穿門逾戶越庭，可抵新建之萬佛寶塔，入塔例須納資，多少不計，塔共七層，層層有佛，佛用白石製成，大者數尺，小僅數寸，石粗而劣，光彩遲鈍，以之與普陀山之玉佛相比，不逮遠甚。登塔頂，極目遠矚，則檳城宛如天涯一角，渺不可言，而一泓海水，亦盈盈在望，惟帆船輪船則斷難辨認，蓋由頂至海，其間至少有五哩之遙也。在塔頂之上俯首下瞰，則見椰林萬千，隨風搖曳，平坦寬闊之馬路，悉成逶迤之小徑，車驅其上，有如鼠逐，此爲登極樂寺最美之景，常使遊客縈迴惝閒，歷久不忘，茲將該寺碑文，附錄於後，以供參考：

欖鄉嶼白鶴山極樂寺碑

十力弟子韋寶慈居士薰沐拜撰

欖鄉嶼之西南有白鶴山焉，吐瀑含靈，遐觀列嶂，而維多維勝皆以極樂寺而興。昔以士俗遞遷，山靈隱茂，繼興而後，華僑日衆，士品斯尊；然而覺道未著，慧日猶昏，火宅衆生，晨涼莫寤也。光緒十五年己丑春，閩省鼓山寺方丈妙蓮禪師等，始應僑紳請，杖履來遊，環道至止，廟居狹隘，山變嵯峨，以此峯巒延袤，左右拱扶，龍象迴旋，寶林彷彿，因謀諸得如，善慶，本忠三禪師，共出衣鉢之餘，購建清淨之剎。歲辛卯成大士殿於山麓，備極樂以顏寺，狀白鶴以名山，八正之門始開，五淨之雲初發，而春秋佳日，巳士女如雲，香火留緣，勝因廣植，惟時僧衆仍藉松作蔭，踞樹談經也。乙未季春，則有僑紳張君振勳張君煜南等六人，同發慈心，願勷勝業，遂復山門功德，金布給孤，諸禪師乃尊為大總理，以偈建樂功，於是募緣購材，庀徒擇日，披榛取局，幽鍵斯開，樂礎移隈，隨高就下，工以心競，巍以人興。是歲而天王殿成，越二年大雄殿之工亦竣，三寶法相，菩薩金身，次第莊嚴，後先顯現，既而松檻精廬，上出重霄，碧閣丹梯，下臨無地，又復引泉瀦沼，布景園畦，九衢之草千叢，四照之花萬簇，近挹而欄檻錯彩，水石同清，遠眺則帆滯天根，紅浮樹杪，曉鐘梵韻，先來溪畔人家，碧瓦斜陽，共指林間佛剎。嗟乎，同斯地也，此日影彰金粟，境耀銀宮，昔雨綠樹元藤，叢邱蔽壑，譬如凡士，頓除妄以存眞，又假歡喻慧人，當超塵而入覺，所謂色空成於片念，染淨本乎一心者非耶？然則禪師等以靜言密諦，爲衆生說法久矣，惟是教律雖來，般若未備，當機蓮障，智海宜通，而妙蓮禪師方且爲道銜勞，利他是式。甲辰之夏，北覲神京，恭求妙典，詔賜修多羅一藏，及袈裟錫杖諸法物，奉旨南旋，遂以乙巳秋，廣開法會，演講金文，曰九蓮管，三乘並駕，表揚帝德，大拯沉黎，普利人天，宏宣梵唄，三十七品同濟愛河，九有四生咸登覺岸。自是僑島氓士，樂趣眞宗，吳國王公，喜登勝地，是無遮之佛會，是平等之公園。嗚呼，紫府仙都，尚爲幻相，恆沙佛國，總在心源，若空有而雙離，則纖塵不立，知物我之非二，則萬象齊含，苟具如是勝觀，衆生皆到極樂。

大淸光緒丁未三十三年二月（一千九百零七年三月）

大總理 張振勳 張煜南 謝榮光 鄭嗣文 張鴻南 戴春榮

大董事 顏五美 胡子春 黃務美等 仝立

右碑建立於光緒三十三年，立碑者有張煜南戴春榮等十五人，撰碑文者爲韋寶慈居士，若人細讀碑文，知極樂寺之成立應在一八九一年，至今不過五十年而已，即以寺內之規模及建築而論，在馬來亞固可推爲第一，但比之國內之叢林大剎，相去尚不可以道里計也。

據嘉應張煜南榕軒昆仲輯校之海國公餘輯錄卷一，引榮槎日記云：「極樂庵爲嶼中勝景也，闢是處，本嶼商旅醵資爲之，倚山作檻，引水入厨，位置玲瓏，備臻佳妙，向爲僧居，特聘名僧小顛，卓錫於此。僧擅風雅，頗以詩名，與嶼中士大夫往還贈答無虛日，留題滿壁，筆走龍蛇，鴻爪雪泥，播爲海上佳話，雖曰地靈有鑑，亦藉人以傳已，故遊其地者，從樹林陰翳中結伴而入，與寺僧茶話後，僧即從旁指點海天之勝，林泉之佳，俗慮頓蠲，恍然於塵世中得一清涼世界也。」又云：「其景幽邃樹，叢木千章，源泉一派，環繞左右，爲阿意淡之極樂庵。是庵，余（[illegible]）偕嶼中諸商斂貲爲之，於庵傍作一靜室，扁曰小隱山房，每於公餘之暇，輒往憩焉，與寺僧小顛詩酒流連，作謎猜飲，樂此不厭。既回檳嶼，忽忽相近十年，每一念及，輒繾綣不忘也。」

三　賴德遺囑

海峽殖民地新嘉坡與檳榔嶼二州之開闢，主其事者有二大偉人。前者為名震寰宇之史丹福·萊佛士 (Sir Stamford Raffles)，後者則為別具隻眼之佛蘭西斯·賴德。二人功業彪炳，前後輝相媲美。雖萊佛士之卓見宏謀，似猶勝於賴氏一籌，然新嘉坡未開闢前三十餘年，賴氏已能為東印度公司覓得一船隻寄泊修葺之處，從而發展成為一良好之商港，其事蹟亦不宜湮沒無聞也。所異者，萊氏常以新嘉坡居民之幸福為前提，故於賦歸之前，猶孜孜不倦，熟籌所以發展是洲之道，不幸歸途輪船遭回祿之災，向東印度公司索償未遂，復被指為宕用公款，責令追還，以致暮年不景，抑鬱以終，誠可謂厚於衆而薄於己；賴氏則不然，當其疾終檳城之際，猶為當地之殷賈，遺產甚豐，澤及後嗣，特其遺言之中，僅及其私人產業之分配，而無一語涉及檳城之前途，是則令人引為深憾者也。

雖然，吾人適以賴氏為開闢檳榔嶼之偉人，故其遺囑雖與檳城之政治無關，當亦不失為一種良好之史料，足資參考。以下各節，即為賴氏遺囑之譯文，並加註釋，原稿現存檳城法院之檔案中，可以比對焉。

「余，佛蘭西斯·賴德（註一），大不列顛薩福克郡 (County of Suffolk) 達林頓教區

(Parish of Dallinton)人，現居東印度公司之威爾斯太子島，謹立此最後遺囑，並願於本遺囑簽立後，廢棄以前所有之各種遺囑。

『第一，余願將居文平原(Necbconplain)之稻田，計一百奧郎(orlongs)(註二)左右，並其房屋，種植物，耕作工具，與水牛四十頭，統給與自一七七二年起與余同居之馬與娜·露撒爾絲(Martina Rezells)(註三)掌管，待其天年告終之後，由彼所生之兒女均分，如無所出，則由彼依遺言處理之。

『余願給與前述之馬與娜·露撒爾絲余之胡椒園，連同園中房屋，種植物，以及所有在本島之一區名爲雷福克之土地(註四)。尚有在橘谷(Orange Valley)現由志漢(Chee Hang)耕種之胡椒園及其種植物，亦宜作相同之處置，惟須不抵觸余與志漢所訂之合約。待馬與娜死後，上項產業，得由彼於余亡故後九個月以前所生產之兒女均分之。

『余更願給與前述之馬與娜·露撒爾絲余在喬治鎮上所建之平屋一座(註五)，連同其地基，以及花梨木櫃一套，玩牌棹二張，臥椅二張，床架大小各二，連同各種寢具，梳妝臺一隻，椅十八隻，銀蠋台二枝，銀茶壺一具，連同糖碟二個，大匙十二個，茶匙十二個，湯匙(銀製)一個，與其他不在總管僕人掌管下之各種日用器皿，得由彼自由處置，不受任何限制。

『余願給與前述之馬與娜·露撒爾絲余所有最好之母牛四頭牡牛一頭。

『余願將所建之磚屋與其外屋中之所有物件連同地基一併出售，所得之款，可按照以下各節支配之。

一余願將所有馬來人之借款，移交余之遺囑執行人管理，索還後應交付馬典娜收存，同時余希望執行人對於一般境況不佳之貧苦人民，勿事苛索。

『余願釋放女奴安尼（Enneat），並給與大洋二百元；亦願恢復另一女奴阿梅（Emai）之自由，並給與大洋一百元；此款得由售賣余之磚屋牲畜等所得款項中提出之。

『余願將余所有之花面奴（註六）統歸馬典娜・露撒爾絲差遣；倘有加夫奴（註七）之去留可由彼定奪，若彼願維持其終身生活者可留之，否則可令該奴等每人交五十元贖身。

『余願開脫以下各人之奴籍，並給每人大洋十元，計開：阿文（I Boon）與其妻子；阿曾（Echan）與其妻兒；阿忠（I Tong）；忠淡（Tong Dam）與其妻女；冬章（Ton Chan）與其弟；但阿三（Tsan）則應留在馬典娜處。成寶（Seng Pao）與阿老（Elloi）非奴，應任其自由離去。

『余謹將金漱口杯與金面盆（註八）贈與威廉・非利先生（William Fairlie, Esq.），以表友誼；並將銀漱口杯與銀面盆贈與詹姆斯・史谷德（James Scott），以資紀念。湯姆斯・彼哥（Thos. Pigou）可得余之錶並任選余之書籍。

『余囑將所有余之金錢匯至英國，給馬典娜・露撒爾絲之子威廉・賴德（William Light）收用，此子現由薩福克之喬治・杜地先生（George Doughty, Esq.）扶養，苟不幸亡故，則余願將該款移贈上述之杜地先生，惟以不超過二千鎊爲限，其超過該額之款項，應由在世之諸兒女均分之。

『所有其他賸剩之產業，除償付欠款外，應交由余之遺囑執行人保管，藉使扶養培植與余同居已久之馬典娜・露撒爾絲所生之兒女，計有：沙拉・賴德（Sarah Light），威廉・賴德（William Light），瑪麗・賴德（Mary Light），蘭儂・賴德（Lanoon Light）羅蓋・賴德（Lukey Light）；以及馬典娜・露撒爾絲於余死後九個月內所生之任何孩兒。凡其生存而滿十六歲者，應由余之遺囑執行人，給與本節所列財產之一份，其未滿十六歲者，則應將此項本利作爲執行人認爲必需之生活維持費與教育費。

『余指定加爾各答之威廉・非利先生，詹姆斯・史谷德，與湯姆斯・彼哥三人爲本遺囑之執行人，時在吾主一七九四年十月十二日，簽立於威爾斯太子島之喬治鎮。

佛蘭昔斯・賴德（簽）

見證人　史谷德（簽）

培根（Nathl. Bacon, Junr）（簽）

林德賽（W. Lindesay）（簽）』

（註一）關於賴德氏之家世，根據蘆爾克達林和之教堂浸禮登記錄，有如下之記載：『佛蘭昔斯，爲印考洛尼多與曼麗賴德（Incognita and Mary Light）之子，於一七四〇年十二月十五日受洗禮。』查賴氏又爲達林和威廉・尼古

者根據亞爾克達林和之教堂浸禮登記錄，有如下之記載：『佛蘭昔斯，為印考格尼多與瑪麗賴德 (Incognits and Mary Light) 之子，於一七四〇年十二月十五日受洗禮。』查賴氏又為達林和威廉尼吉斯 (William Negus) 之養子。

（註二）一奧郎等於〇．七一英畝。

（註三）此女家世，論者不一，然多斷為暹羅或巫籍之混血種。按此遺囑所載，則賴氏僅與此女同居，並未正式結婚也。

（註四）所謂蘇爾克區者，大概係在今檳城亞逸依淡 (Ayer Itam) 蘇格蘭路 (Scotland Road) 與約克路 (York Road) 之間。

（註五）該屋或在今蓮花河 (Leith Street Ghaut) 底之北岸。

（註六）原文作 Batta Slaves，為蘇門答臘馬達山 (Brastagi) 附近之土人。

（註七）原文作 Caffree Slaves，為歐人對馬來半島內部土人之賤稱。

（註八）原文作 Gold Gurglet and Bason。

中華民國三十二年七月初版

(94424渝粉)

檳榔嶼志略一册

一渝版粉報紙一 定價國幣叁元肆角

印刷地點外另加運費

著作者 姚枏 張禮千

主編者 中國南洋學會

發行人 王雲五 重慶白象街

印刷所 商務印書館印刷廠

發行所 各地商務印書館